As regras mudaram
O amor no mundo virtual

Ellen Fein & Sherrie Schneider

As regras mudaram
O amor no mundo virtual

Tradução de Alyda Sauer

Rocco

Título original
NOT YOUR MOTHER'S RULES
The New Secrets for Dating

Copyright © 2013 by Ellen Fein e Sherrie Schneider

Todos os direitos reservados.

Nenhuma parte desta obra pode ser reproduzida ou transmitida por qualquer forma ou meio eletrônico ou mecânico, inclusive fotocópia, gravação ou sistema de armazenagem e recuperação de informação, sem a permissão escrita do editor.

Nota das autoras: Não temos licença para praticar psicologia, psiquiatria ou serviço social, e *As regras* não pretende substituir o aconselhamento psicológico, sendo apenas uma filosofia de namoro baseada em nossas próprias experiências e na de milhares de mulheres que nos têm procurado.

Direitos para a língua portuguesa reservados
com exclusividade para o Brasil à
EDITORA ROCCO LTDA.
Av. Presidente Wilson, 231 – 8º andar
20030-021 – Rio de Janeiro – RJ
Tel.: (21) 3525-2000 – Fax: (21) 3525-2001
rocco@rocco.com.br
www.rocco.com.br

Printed in Brazil/Impresso no Brasil

CIP-Brasil. Catalogação na fonte.
Sindicato Nacional dos Editores de Livros, RJ.

F33r Fein, Ellen
As regras mudaram: o amor no mundo virtual/Ellen Fein e Sherrie Schneider; tradução de Alyda Sauer. – Rio de Janeiro: Rocco, 2013.
14 cm x 21 cm

Tradução de: Not your mother's rules.
ISBN 978-85-325-2841-4

1. Encontro (Costumes sociais). 2. Companheiro conjugal – Escolha. I. Schneider, Sherrie. II. Título.

13-1936

CDD–306.73
CDU–392.4

Sumário

Agradecimentos 9
I Por que escrevemos este livro 11
II As filhas contribuem com *As regras* 21
III Abrace a sua filha e outras *regras* para mães 23
IV Faça o que quiser até estar pronta para seguir *As regras* 33
Regra 1 Seja uma criatura diferente das outras 40
Regra 2 Pareça uma criatura diferente das outras 46
Regra 3 Não tome a iniciativa de falar ou de enviar mensagem de texto antes dele 54
Regra 4 Não convide um cara para sair por mensagem de texto, pelo facebook, bate-papo, nem de qualquer outra forma 64
Regra 5 Não tome a iniciativa de sentar ou se aproximar de um cara, nem comece a paquera 70
Regra 6 Espere pelo menos quatro horas para responder à primeira mensagem de texto de um cara e um mínimo de 30 minutos depois 75
Regra 7 FCVD: falo com você depois – sempre termine tudo primeiro – saia daí! 92
Regra 8 Não responda mensagens de texto nem qualquer outra coisa depois da meia-noite 99
Regra 9 Raramente escreva no mural dele e outras *regras* para as redes sociais 103

Regra 10	Fique longe do perfil dele no facebook	117
Regra 11	Não envie e-mail antes dele e escreva pouco (nada de e-books)!	121
Regra 12	Torne-se invisível e outras maneiras de escapar de mensagens instantâneas	127
Regra 13	Não fale demais nas primeiras semanas	132
Regra 14	Não saia ou esteja com ele 24/7	138
Regra 15	Deixe que ele sugira o skype e que a procure mais num relacionamento de longa distância	146
Regra 16	Não perca suas amigas porque está obcecada por um cara!	158
Regra 17	Não seja a primeira a apresentar o cara para alguém, convidá-lo ou ficar amiga dos amigos dele	164
Regra 18	Não seja a primeira a escrever para os caras, ignore cutucadas e outras *regras* para namoro pela internet	171
Regra 19	Não pague o jantar nem compre o amor dele de jeito nenhum	181
Regra 20	Não escolha um curso, ou um emprego, nem se mude por causa de um cara	188
Regra 21	Não fique bêbada nos programas nem nas festas para não dizer ou fazer qualquer coisa da qual se arrependa depois	194
Regra 22	Alerta ao consumidor... Separe o joio do trigo (falsos, viciados, jogadores e desperdício de tempo)	199
Regra 23	Não seja autodestrutiva namorando caras casados, indisponíveis e outros que dizem qualquer coisa	211
Regra 24	Pare de namorar um cara que cancela um compromisso mais de uma vez	218

Regra 25	Não mande fotos nem nada que não queira que fique com o cara se vocês terminarem	223
Regra 26	Não aceite sexo casual ou encontros sem compromisso	226
Regra 27	Espere antes de ir para a cama com um cara	236
Regra 28	Não seja a gorda da turma, vá à academia e outras *regras* para ficar bonita em qualquer idade	242
Regra 29	Espere que ele a siga no twitter primeiro e raramente responda às tuitadas	255
Regra 30	Não namore indefinidamente sem um compromisso	259
Regra 31	Próximo! e outras *regras* para enfrentar a rejeição	268
V	As 20 coisas que mais desanimam um homem... Nós sabemos, perguntamos para eles!...............	275
VI	Respostas para as perguntas mais frequentes sobre *As regras*	279
VII	Vinte *regras* que merecem ser repetidas	292
Conclusão	Namorar é ter disciplina!...............	301

Agradecimentos

Obrigada aos nossos maravilhosos maridos, Lance e Roger, que nos deram todo o apoio enquanto escrevíamos este livro, e que foram compreensivos quando nossos telefones não paravam de tocar com consultas de emergência que às vezes interrompiam reuniões familiares! E obrigada aos nossos filhos fantásticos, Jason, Jenny e Rebecca, que deram suas opiniões sobre mensagens de texto, facebook, messenger de Blackberry, iPhones, skype e twitter! Nós não teríamos conseguido escrever esse livro sem vocês, nem sem nossas amigas que compartilharam voluntariamente seu tempo e suas histórias de paqueras e namoro.

Agradecemos especialmente a todos os nossos contatos de *As regras* pelo mundo, assim como nossos técnicos de namoro, clientes e fãs que nos estimularam a escrever um novo livro para a geração Y.

E um rufar de tambores, por favor, para nossa brilhante agente literária e amiga, Caryn Karmatz Rudy, sempre generosa com seu tempo, talento e lealdade nos últimos quinze anos e mais – e sem a qual *As regras mudaram* seria apenas uma ideia, e não uma realidade. Para terminar, mas não menos importante, obrigada a Hachette Book Group USA (ex-Warner Books, que publicou nosso primeiro livro) e um hip hip hurra para nossa editora visionária Amanda Englander, que nos orientou, deu dicas fabulosas e foi uma das nossas maiores torcedoras.

I
Por que escrevemos este livro

Sua mãe, ou outro parente, amigo ou conhecido alguma vez já lhe disse: "Você é tão bonita, inteligente e simpática... Por que não tem namorado?" Você ficou sem fala porque também não entendia e não sabia o que andava fazendo de errado no departamento do namoro? As mulheres hoje se formam com louvor, galgam os degraus das empresas e até se candidatam à presidência da República, mas conseguir que um cara as convide para sair, ou se comprometa, é quase impossível! Infelizmente sabemos por que a maioria das mulheres bonitas, inteligentes e simpáticas não tem namorado: elas perseguem os caras ou vão com sede demais ao pote quando eles dão o primeiro passo!

Eis como tudo começou: há cerca de vinte anos estávamos jantando com cinco amigas num restaurante chinês no Upper East Side na cidade de Nova York, numa cena parecida com *Sex and the City*, só que antes de o seriado existir. Todas as mulheres puseram seus problemas de namoro na mesa. Notamos que aquelas que bancavam as difíceis, de propósito ou porque estavam realmente ocupadas, conquistavam os caras, enquanto as outras, que os convidavam para sair, ou que demonstravam interesse demais, eram rejeitadas. Tiramos nossas conclusões, observamos como funciona na vida real e resolvemos escrever um livro sobre namoro para compartilhar os segredos desse fenômeno e ajudar todas as mulheres do mundo, não só as nossas amigas, a ter sucesso nesta etapa da vida amorosa.

Simplificando, *As regras* são um modo de agir com qualquer cara que venha conversar com você, seja pessoalmente ou online, para que ele fique obcecado por você e deseje assumir um compromisso. Sim, estamos falando de bancar a difícil, porque os homens adoram um desafio e perdem o interesse quando qualquer coisa, *especialmente* uma mulher, é fácil demais.

As regras tornou-se imediatamente um bestseller e foi traduzido em 27 línguas – porque os homens são iguais no mundo inteiro! Nós aparecemos em praticamente todos os programas de rádio e TV, pregando o evangelho da mulher difícil. Criamos um serviço de consultas por telefone e e-mail e uma rede de *As regras* gratuita. Ajudamos milhares de mulheres a namorar com limites para encontrar a autoestima, o amor e o casamento.

Agora queremos ajudá-la a ter sucesso no namoro. Queremos compartilhar com você nossos segredos testados ao longo do tempo, aplicáveis aos ambientes de mensagens de texto, facebook, bate-papos e skype. Você pode realmente aplicar *As regras* com qualquer homem, em qualquer situação e obter a fabulosa recompensa: um cara louco por você!

Está cansada de caras que enviam mensagens de texto, fazem amizade e batem papo no facebook, mas nunca a convidam para sair?

Você ouviu falar de *As regras*, mas não tem certeza de como aplicar esses segredos do namoro às tecnologias modernas?

Já está farta de ter relacionamentos casuais, sexo sem compromisso e de passar os sábados à noite ou o Dia dos Namorados sozinha?

Fica imaginando por que algumas mulheres que não são tão bonitas, ou inteligentes, ou simpáticas como você conseguem prender os caras, e você não?

Suspeita de que esteja fazendo alguma coisa errada, mas não sabe exatamente o quê?

Se respondeu sim a qualquer uma das perguntas acima, então está lendo o livro certo sobre namoro! Escrevemos *As regras mudaram* porque seduzir e manter o interesse de um homem não é algo ensinado na escola, na faculdade, nem mais tarde na vida. Mulheres jovens e idosas, inclusive nossas clientes, contatos, técnicas de namoro e aquelas que estão voltando ao jogo do namoro, imploraram para que escrevêssemos outro livro tratando da última configuração que o namoro assumiu. Até mães nos escreveram perguntando como podiam ajudar suas filhas!

Escrevemos essa versão atualizada de *As regras* para ensinar às mulheres como prender o coração do homem certo nesse mundo *novo* de namoro e romance. Mas a verdade é que todas as antigas *regras* continuam valendo! Recomendamos muito que você leia, ou pelo menos dê uma boa olhada em *todas as regras*, além de ler este livro. Parte do conteúdo pode parecer meio antiquada, mas o espírito do nosso recado continua o mesmo. Em 2013, existem algumas nuances de *As regras* antigas que ainda nem se imaginava que existiriam em 1995! Incluímos aqui algumas *regras* que apareceram nos nossos livros anteriores, mas com atualizações relativas ao atual mundo do namoro. Usamos até parte da mesma terminologia neste livro, como "Criatura diferente das outras" (*Regra 1*) e "Próximo!" (*Regra 31*). Também escrevemos um breve guia de referência para não esquecer as *regras* mais importantes dos livros anteriores em "*20 regras que merecem ser repetidas*". A sua mãe pode ter comprado um exemplar deste livro para você, ou talvez você mesma tenha feito isto, para encontrar respostas. Não importa como foi parar nas suas mãos. Vamos ensinar como usar *As regras* num mundo cheio de mensagens de texto, tuitadas, mensagens no mural, sexo sem compromisso e mais – tudo que mudou o jeito de *todos* namorarem.

Mas, antes de seguir *As regras*, é preciso entender que homens e mulheres são diferentes. Isso pode parecer chocante, porque você foi criada para pensar que homens e mulheres são iguais e que as mulheres podem fazer tudo que bem entenderem. Mulheres podem ser médicas, advogadas e receber o mesmo salário dos homens. Podem correr maratonas e até se candidatar a cargos políticos. Tudo isso é verdade, mas as mulheres não podem ser as caçadoras num relacionamento amoroso sem correr o risco de serem rejeitadas, magoadas e até mesmo detonadas. No plano amoroso, homens e mulheres não são iguais. Os homens adoram um desafio, enquanto que as mulheres gostam de segurança. Os homens gostam de comprar e vender empresas, de esportes radicais como alpinismo e *bungee jumping*, e as mulheres adoram falar de seus namorados e de assistir a comédias românticas. De fato, um dos caras que entrevistamos para este livro disse: "Eu nunca poderia ser mulher. Vocês falam demais sobre relacionamentos!" Rindo demais aqui. Mas é verdade. A mulher recebe uma mensagem de texto ou um e-mail de um homem de quem ela gosta e reencaminha para cinco amigas analisarem. O homem recebe um texto, pensa sobre ele menos de um segundo e volta para a partida de futebol. *Vive la différence!*

Outra coisa que você precisa entender é que os homens são extremamente visuais e podem não se sentir atraídos por uma mulher só porque ela é simpática, inteligente ou engraçada. Eles sabem de quem eles gostam instantaneamente. Pode parecer ruim, mas atração física é tudo para o homem. Ele não pode amar o que você tem por dentro se não amar o que você é por fora, então é uma perda de tempo você tomar a iniciativa de fazer contato. Talvez não seja o tipo dele, e ele acabará trocando você por aquela que o atrai fisicamente. Por outro lado, embora a mulher também tenha um tipo ou uma aparência preferida, ela é capaz de vir a gostar de um cara que seja engraçado ou bem-sucedido. Mas o homem simplesmente não consegue! As mulheres são mais emotivas no amor e podem ser arrebatadas pela personalidade de um homem, mas a maioria dos homens não vai além da aparência de uma mulher. Mais uma característica diferente de homens e mulheres!

Conhecer essas diferenças entre os gêneros vai ajudá-la a seguir *As regras*, a se fazer de difícil, porque representar um desafio é o segredo para fisgar um cara. Os homens se entediam com facilidade, por isso se quiser que um deles corra atrás de você, não demonstre tanto interesse. Trate-o quase como alguém que não te interessa. Como escrevemos no nosso primeiro livro, não inicie a conversa com um homem, não o convide para sair, não aceite encontros de última hora, não o veja com muita frequência, e não namore muito tempo. Essas são as chaves do namoro.

Então por que *As regras mudaram*, e por que agora? Facebook, bate-papos, mensagens de texto e outras tecnologias sociais tornaram quase impossível para uma mulher ser discreta e misteriosa. Toda mulher vive grudada no celular, e os homens conseguem falar com ela de manhã, à tarde e à noite. Não são exatamente difíceis... E você pergunta: como uma mulher segue *As regras* nessas novas circunstâncias?

Estávamos conversando com uma nova cliente que tinha acabado de se formar e reclamava que é muito difícil seguir *As regras* com esses novos níveis de acessibilidade. Ela disse que graças *Às regras* aprendeu a não ligar para os homens e não convidá-los para sair. E graças *Às regras* para namoro na internet, ela aprendeu a não entrar em contato com um homem depois de entrar no perfil dele, ou responder a uma cutucada. Mas mensagens de texto, bate-papos, twitter e skype eram armadilhas para ela. Não sabia se *As regras* se aplicavam a esses recursos e, se aplicadas, como seriam, exatamente. Tinha muitas dúvidas. Podia ser a primeira a enviar mensagem de texto? Se precisava esperar para responder uma mensagem, qual o tempo recomendado pelas seguidoras de *As regras* e quanto tempo seria simplesmente grosseiro? Havia *regras* para tudo isso? Com todo o respeito, disse ela, a tecnologia mudou tanto desde a publicação dos nossos outros livros... Todos enviam mensagens de texto sem parar hoje em dia e não acham nada de mais fazer amizade com homens e ficar no twitter o dia inteiro, então como isso ia funcionar para uma mulher de *As regras* igual a ela?

Outra cliente nos procurou com perguntas parecidas, e depois outra, e mais outra e aí nossas filhas, e as amigas das nossas filhas, começaram a fazer perguntas, por isso descobrimos que tínhamos de tratar desses assuntos. E decidimos escrever este livro!

Está tudo diferente agora, e mais instantâneo, então como é que *As regras* podem ser aplicadas?

Lembramos que em 1995 leitoras que se diziam feministas debocharam da ideia de não ligar para os homens e de raramente retornar suas ligações. Hoje em dia não tomar essa iniciativa é considerado normal!

Este livro é para a nova geração, mas nada mudou quanto ao que a mulher quer de uma relação: ser capaz de confiar que o cara a ama pelo que ela é e saber que ele ficará ao seu lado. *As regras* ainda se aplicam!

Acabamos resolvendo escrever este livro quando Heather, 26 anos de idade, enviou um e-mail descrevendo o que pensava ser uma experiência de namoro capaz de transformar a nossa vida. Heather tinha conhecido um cara muito bonito num bar da moda certa noite. No dia seguinte, ele enviou mensagem de texto três vezes para ela antes das cinco da tarde. Ficamos impressionadas. Três vezes?

– É, eu tinha perdido meu celular. Quando o encontrei depois do trabalho no dia seguinte, havia três mensagens de texto dele para mim. A primeira dizia "oi, sou Cory de ontem à noite, foi ótimo te conhecer, envie mensagem quando puder". A segunda dizia "vai fazer alguma coisa esta noite?". E a terceira, "está livre este fim de semana?". Não acredito que fui convidada para sair tão rápido, acho que ele realmente gostou de mim!

Dissemos a Heather que enviasse uma mensagem para ele aquela noite: "Oi, também gostei de te conhecer. Esse fim de semana está ótimo." Ela não *precisava* anunciar que tinha perdido o celular. Assim Cory ia pensar que Heather tinha mais o que fazer além de lhe dar atenção, por isso ele talvez se acostumasse a ter de procurá-la. Quando você responde imediatamente a uma mensagem de texto, o homem passa a esperar que faça isso o tempo todo, e a emoção da conquista desaparece.

Se não tivesse perdido o celular, Heather e Cory podiam ter ficado enviando mensagens de texto um para o outro o dia inteiro, e ele acabaria entediado, não a convidaria para sair tão cedo. Não ter acesso imediato funcionou como uma lufada de ar fresco e fez com que ele agisse rápido. Heather soube logo o que esse cara sentia e não ficou *imaginando* o que ele sentia, ou por que aquela maratona de mensagens de textos não estava dando certo! O que *As regras mudaram* pode fazer por você é semelhante ao efeito de perder o seu celular por algumas horas, de vez em quando. Isso ajuda a criar um ar de mistério e um desejo especial nos homens.

Também sentimos necessidade de escrever este livro porque muitas mulheres que usaram *As regras* para se casar quase vinte anos atrás querem ver suas amigas, irmãs e sobrinhas em relacionamentos saudáveis, ou pelo menos não sendo desnecessariamente magoadas pelos homens. Elas querem que outras mulheres experimentem a mesma felicidade que encontraram, namorando com autoestima e limites. As mulheres mais velhas que se divorciaram e agora voltaram ao jogo do namoro, ou mulheres que nunca tiveram um relacionamento com *regras* nos procuram com frequência para dizer que estão muito confusas com e-mails, mensagens de texto e outras tecnologias, por isso escrevemos este livro para ajudá-las também.

Além disso, muitas mães ficam naturalmente nervosas quando têm de lidar com os namoros das filhas e se sentem inúteis, desatualizadas ("Ela nunca conta nada para mim!"). Escrevemos este livro também para elas, inclusive um capítulo especial que ensina as mães a ajudar as filhas a seguir *As regras* sem impor nada. Nossas *regras para mães* vão contribuir para estimular as filhas a confiar em suas mães e a pedir conselhos, em vez de isolá-las de suas vidas. Esperamos que todas as mulheres, especialmente mães e filhas, criem laços por conta deste livro! Lembre que *As regras* é uma eterna receita para relacionamentos amorosos. Siga as *regras* e terá um cara louco por você. Quebre as *regras* e terá seu coração partido. Quer você tenha 18, 28 ou 48 anos de idade, acreditamos que as respostas para seus dilemas de namoro podem ser encontradas neste livro. Não tem certeza de como agir, ou de como se vestir para os encontros? Veja a *Regra 1* e a *Regra 2* sobre comportamento e aparência de uma criatura diferente das outras. Não sabe quando, ou como, responder a mensagem de texto de um homem? Veja a *Regra 6*, com nossos horários testados e aprovados de respostas. Não tem certeza se deve dividir a conta, quanto tempo ficar no skype, ou do que escrever no mural de um homem? Veja os nossos capítulos sobre não comprar o amor dele (*Regra 19*), relacionamentos de longa distância (*Regra 15*) e facebook (*Regra 10*). Nós cobrimos isso tudo! Também incluímos comentários especiais das nossas filhas, que foram criadas com *As regras* e podem ajudá-la a aplicá-las a uma geração mais jovem, com as últimas tecnologias. Às vezes uma jovem de vinte e poucos é mais capaz de entender o que está passando outra jovem de vinte e poucos. Achamos essencial a colaboração das nossas filhas com seus pontos de vista exclusivos sobre os dilemas do namoro que sua faixa etária tem de enfrentar.

Se quiser aproveitar integralmente este livro, não o leia uma vez só. Leia muitas vezes. Estude-o como se fosse um livro escolar. Talvez até seja bom marcar ou sublinhar frases que ajudem a lembrar de cada *regra*. Você pode querer se reunir regularmente com amigas que sigam as *regras* para conversar sobre o livro e repassar seus problemas de namoro e as respostas do grupo. A união faz a força! Você pode arrancar páginas-chave e guardar na bolsa para poder dar uma espiada rápida no banheiro quando sair com seu namorado.

Sem mais no momento, apresentamos *As regras mudaram*!

II
As filhas contribuem com *As regras*

Como filhas das autoras de *As regras*, queremos acrescentar algumas de nossas observações e experiências na aplicação das *regras* nesses novos tempos de tecnologia mais avançada. Afinal, faz sentido incluir a nossa opinião em um livro que pretende, pelo menos em parte, ajudar pessoas da nossa geração. É óbvio que não somos especialistas em relacionamentos, mas aprendemos como a paquera e o namoro devem ser, ao observar nossas mães oferecendo essas ferramentas de sucesso para mulheres de todos os cantos. Ouvimos falar de todos os problemas imagináveis e como nossas mães recomendaram enfrentá-los. A essa altura, já temos *As regras* gravadas e fazendo parte do nosso DNA! Para nós, *As regras* não é uma brincadeira que fazemos para agarrar um homem, e sim um modo de vida.

Será que seríamos mulheres de *As regras* se nossas mães *não* tivessem escrito o livro? Seríamos sim! Isto quer dizer que nunca discordamos ou discutimos com elas? Definitivamente não. Nossas mães nunca nos impuseram esse tipo de comportamento na paquera ou no namoro, mas nós duas temos valores tradicionais e acreditamos na paquera à moda antiga, até hoje. Os homens devem sempre tomar a iniciativa, porque é assim que funciona.

O fato de nossas mães terem escrito *As regras* faz com que conheçamos mais esse assunto, mas praticamente para por aí. Vimos com nossos próprios olhos que as mulheres – na vida real, na TV e nos filmes – que correm atrás dos homens não se sentem bem com elas mesmas e costumam acabar magoadas ou rejeitadas.

Fomos criadas com mensagens de texto, facebook, faceTime, skype, Gchat, twitter e todas as outras redes sociais. Sabemos que toda esta comunicação instantânea tornou a paquera e o namoro mais difíceis e mais confusos. No entanto, temos observado garotas que cometem erros graves com os caras por cobrir o mural deles com publicações, chamá-los no twitter, enviar mensagens de texto todos os dias, o dia inteiro... Até vimos alguns grudes no estágio 5, e temos certeza de que isso nunca acaba bem.

Nós todas sabemos o que é ter uma enorme paixão, cair de quatro por algum cara e não ser capaz de tirá-lo da cabeça. Claro que é por isso que todos só falam de paquera e namoro! Invista o seu tempo e ocupe-se com estudos, trabalho, amigos, hobbies, esportes e clubes, não só com homens. Faça alguma coisa que a deixe orgulhosa de você.

Salpicadas pelo livro todo você encontrará as nossas opiniões sobre assuntos com os quais nossas mães não têm muita afinidade, como nós temos. Dicas para evitar enviar mensagem de texto para um cara, como lidar com um relacionamento de cursos no exterior, o que é *foursquare*, como lidar com os convites de aniversário no facebook e muito mais. Nossas mães nem saberiam por onde começar com essas coisas!

Quanto mais cedo você começar a aprender e a praticar *As regras*, melhor será. Já vimos corações partidos em paqueras e namoros demais e não queremos que nada disso aconteça com você.

III

Abrace a sua filha
e outras *regras* para mães

Se está lendo esse capítulo, você deve estar imaginando como pode ajudar sua filha nos namoros, não importa a idade que ela tenha. Você é parte importante desse livro, pode influenciá-la como ninguém mais pode. Fato é que, durante as consultas, sempre perguntamos para as nossas clientes, "O que sua mãe acha desse relacionamento?", porque damos valor à sua opinião e ponto de vista. Talvez você tenha procurado ajudar dando para a sua filha um exemplar de *As regras*. Talvez tenha tentado dar o exemplo, sendo seguidora de *As regras* nos seus relacionamentos pessoais. Mães têm escrito para nós, ou marcado consultas para falar de suas filhas. Muitas se frustraram vendo as filhas quebrar as *regras* ou ter crises pelo modo que seus namorados a tratavam. Às vezes se preocupam porque as filhas não têm namorado. Mas como acontece com tudo na vida, por vezes essas mães têm de esperar até suas filhas estarem prontas para ouvir. Dizemos para elas as mesmas coisas que dizemos para as clientes: para que as *regras* ajudem, as filhas precisam *querer* usá-las, e têm de confiar nas mães para guiá-las pelo caminho certo.

A primeira coisa e a mais importante que você pode fazer para ajudar a sua filha é estar sempre ao lado dela. Entrevistamos centenas de jovens e chegamos à conclusão de que as que se tornaram promíscuas ou tiveram problemas sexuais fizeram isso porque não foram criadas com bastante atenção, afeto ou aprovação. Parte das nossas consultas é de histórico da infância e dos namoros, e ficamos chocadas de ver quantas das nossas clientes com problema de relacionamento tiveram mães que as condenavam ou que eram ausentes. Algumas mães raramente abraçavam as filhas, ou diziam palavras carinhosas e de incentivo, ou estavam ocupadas demais e nunca paravam em casa. Havia poucas conversas na hora de dormir, poucas parcerias fazendo bolos na cozinha, poucas coceiras nas costas. Algumas mães até se ressentiam de terem de trabalhar fora em tempo integral e criar uma filha ao mesmo tempo, por isso a tratavam como um fardo, um incômodo. Outras estavam simplesmente passando por maus momentos elas mesmas, seja um divórcio, uma doença séria, ou qualquer outra coisa, e fizeram o melhor possível. É óbvio que achamos que as filhas cresceriam muito melhor se as mães as cobrissem de elogios e amor.

Jillian, 33 anos, que conheceu *As regras* recentemente, nos disse que a mãe era tão desinteressada dela emocionalmente que jamais se sentiu atraente ou desejável. No colégio e aos vinte e poucos anos, ela se sentia lisonjeada com o interesse mais ínfimo dos homens, com seu chefe casado e os caras que nunca a convidavam para sair. Tinha pouco ou nenhum interesse pelos homens que realmente gostavam dela, por estar muito obcecada com os que não gostavam. Passamos horas tentando ajudá-la a se recuperar da indiferença da mãe e a ensinar-lhe o nosso moto de "só amar aqueles que te amam". Sugerimos que participasse do grupo *Regras* de apoio para conhecer outras seguidoras de *As regras* que se importassem com a situação dela e impedissem os comportamentos ruins de namoro. Enviamos e-mails com links de roupas bonitas e aconselhamos como devia se comportar quando saísse com um homem. Anos depois de ter desistido de sair com alguém, Jillian entrou para um site de namoro online e começou a ir a clubes e festas. Agora tem um relacionamento sério com um homem que se dirigiu a ela primeiro e que envia mensagens de texto dizendo "Bom-dia, lindeza!" todos os dias.

Se você é dessas mães que por algum motivo está sempre ocupada demais para dar atenção à sua filha, e parece que ela se desencaminhou, ou você teme que se perca, a solução é amor, amor, amor! Tudo de que precisamos é amor! Se ela mora com os pais, comece a abraçá-la hoje e todos os dias daqui para frente. Nunca é tarde para demonstrar afeto. Esfregue as costas dela, escove seu cabelo, beije seu rosto. As filhas têm de ser paparicadas. Cada dia que abraçar sua filha será uma garantia de que ela não vai sair por aí procurando amor nos lugares errados. Ela receberá afeto de você, ou de algum desconhecido. Que seja de você! Contato físico é superimportante. Sabemos que você está sempre ocupada, com seu trabalho, limpando a casa, pagando as contas e verificando e-mails no seu celular, mas leva apenas um minuto para enviar uma mensagem de texto para sua filha no meio do dia. Almoce com ela, assistam juntas a um filme de mulherzinha, ou leve-a para fazer compras. Todos são ocupados, todos têm longas listas de afazeres e ninguém tem tempo para nada, mas se não inventar tempo para a sua filha agora, ela terá tempo demais para se meter em encrencas. Nunca é tarde demais para ser uma boa mãe.

Como pode passar tempo com ela se ela nunca está em casa? Se estiver na faculdade, pergunte se tem um fim de semana, ou algum dia da semana em que sua carga horária seja mais leve e vocês possam se encontrar. Ofereça-se para levar as amigas dela para jantar fora a fim de que você possa conhecê-las, e isso ajudará você a conhecê-la melhor também. Se ela estiver trabalhando, faça a mesma coisa. Veja se há um dia de folga, ou um fim de semana que possam passar juntas, só as duas. Não implore nem a sobrecarregue se ela não tiver tempo. O simples fato de ela saber que você quer estar com ela ajudará sua filha a entender que você se importa com ela.

Se você é mãe solteira, talvez pense que seu amor não basta. Não se preocupe com isso. Um filho é capaz de crescer com saúde criado apenas pelo pai ou pela mãe. Uma das nossas clientes tinha um pai que obtinha prazer com ataques de fúria e que jamais disse uma palavra de carinho para ela, mas a mãe a cobria de elogios e de beijos. Ela casou com alguém que diz que ela é linda o tempo todo! Por isso não pense que sua filha sofre de uma privação muito séria porque você é a única que a ama. Você sozinha pode fazer a diferença.

Além do mais, se quiser que sua filha namore com autoestima, você precisa praticar o que prega! Precisa seguir *As regras*, e mais: não apresentá-la a qualquer Tom, Dick ou Harry que conheça. Espere até ter um relacionamento sério, compromissado e exclusivo para só então apresentar à sua filha. O primeiro encontro deve ser breve e ampliado aos poucos.

Lembre que mulheres jovens podem ser sensíveis e carentes. Você tem de dar atenção a elas para que não se sintam isoladas ou sozinhas. Dar importância demais ao seu namorado em detrimento delas é um erro terrível. É uma questão de equilíbrio, mas você tem de descobrir um modo de fazer com que sua filha se sinta amada.

Ao mesmo tempo, exercite alguma disciplina. Se sua filha tem 25 ou 30 anos e você não gosta da roupa que ela usa, ou dos namorados que tem, cuidado para não criticá-la demais. Ela se sentirá mais à vontade para procurá-la quando precisar de ajuda. Se pensar que você é muito crítica ou controladora, pode se rebelar ou se retrair. Não dá para controlar tudo depois que sua filha passa de certa idade, por isso vá com calma.

Todas nós conhecemos mães que se envolvem demais na vida das filhas. Elas vivem por tabela através da vida das filhas, querendo que sejam rainhas da beleza ou a menina mais popular da escola. Ou ficam amigas das amigas da filha e do namorado dela no facebook, mesmo quando a filha pede especificamente para não fazer isso. Estes exemplos de envolvimento exagerado, de intrusão e de atenção em excesso também não são saudáveis. Ser uma mãe "agente", ou mãe "amiga" é melhor do que ser mãe ausente, mas mesmo assim o tiro pode sair pela culatra. Uma adolescente precisa de amor, mais do que precisa ser pressionada para tirar boas notas, ou usar longos cílios postiços, ou ser rainha da torcida. É isso o que *ela* quer? Ela pode tomar as decisões dela e cometer os próprios erros. A melhor coisa que você pode fazer é estar lá quando ela precisar, para aconselhar, consolar ou comemorar com ela. Mas a vida é dela. Se ela crescer rápido demais, ficará com um buraco no espírito que desejará preencher com relacionamentos ruins.

As nossas *regras* neste capítulo se aplicam aos pais do mesmo modo que se aplicam às mães. Vamos ser francos, todo pai quer que a filha seja uma seguidora de *As regras*. Ele quer que ela namore com respeito próprio e que não corra atrás dos caras nem aceite programas de última hora. Que pai ia querer que a filha estivesse com um homem em tempo integral, ou indo para a cama com qualquer um? Tivemos clientes do ensino médio que disseram que os pais compraram *As regras* para elas, ou pagaram uma consulta conosco. Sabemos que os pais se importam com o namoro das filhas, e por isso quisemos incluí-los nesse capítulo. Entrevistamos muitos pais, e o fato é que achamos que eles podiam ter nos ajudado a escrever *As regras*! Um pai disse para a filha de 20 anos: "Não ligue para os caras, não corra atrás deles e eu tenho de conhecer o rapaz quando ele vier pegar você. Ele tem de olhar nos meus olhos, e se não fizer isso é porque está escondendo alguma coisa." Nem todos os pais se envolvem ou se manifestam dessa maneira, nem suas filhas querem que façam isso. Mas achamos que os pais podem ajudar as filhas a cumprir *As regras* dando esse livro para elas e tratando as mulheres com amor e respeito. Nós até conhecemos homens felizes no casamento que disseram para as filhas: "Faça igual à sua mãe. Eu saí com muitas mulheres, mas ela me fez querer casar!"

Não estamos sugerindo que se assustem as filhas para que sejam seguidoras das *regras*, dizendo que todos os homens só querem uma coisa, ou sendo inacessível e crítico. Lembrem-se, pais, vocês querem que suas filhas conversem com vocês se não souberem o que fazer ou se meterem em encrenca. Se você ajudá-la nos namoros agora, poderá dar um suspiro de alívio quando orgulhosamente acompanhá-la até o altar no dia do casamento dela.

Mães *e* pais, se desejam ajudar sua filha a ter autoestima e a evitar problemas de namoro, eis as nossas sugestões:

- Dê para ela um exemplar de *As regras mudaram*, se ainda não deu, e também um de *As regras*. Muitas de vocês entraram em contato conosco dizendo que suas mães lhes tinham dado *As regras* e que vocês tentaram passar adiante esses conselhos para as suas filhas. Mas elas leram e disseram: "O que é uma secretária eletrônica? Isso é dos anos 1950. Namorar agora é mais difícil." Então eis a nossa resposta para esse argumento. Apenas diga a ela que correr atrás dos homens não funciona, e veja o que acontece. Ela vai aceitar, ou não. E mesmo que não aceite isso agora, poderá fazê-lo mais tarde.

- **Converse francamente sobre sexo.** Diga que sexo entre homem e mulher é lindo, que qualquer coisa que façam com amor é maravilhosa e especial, mas que encontros casuais são atos desesperados que não satisfazem. Não precisa ter uma conversa formal sobre sexo, mas não pode fingir que sexo não existe. Assista com ela a um filme de mulheres e faça perguntas sobre os personagens para diminuir a seriedade do assunto. *Sex and the City* é sempre útil para conversar sobre esse tópico. Pergunte para ela se Carrie devia ter esperado tanto pelo homem certo, ou o que ela acha dos relacionamentos casuais que Samantha tem com os homens. Pergunte com qual das quatro personagens principais ela se identifica. Apenas alimente essa conversa. Mulheres jovens relutam em responder a perguntas diretas sobre os seus relacionamentos amorosos, mas podem se abrir se você falar do assunto dessa maneira.

- **Não reaja nem exagere quando sua filha contar alguma coisa de que você não goste.** Algumas mães reclamam que as filhas nunca contam nada, e nós sabemos por que elas não contam. Porque as mães berram, "Você fez o quê?!", e ficam furiosas com elas, por isso as filhas se fecham. Se quiser que sua filha converse com você, conte o que está fazendo e o que pensa, seus segredos e medos, fique calma na hora de uma tempestade. Não seja crítica para não afastá-la. Se ela disser "Estou namorando um cara que talvez você não goste", ou "Perdi minha virgindade", ou "Estou grávida", ou "Acho que sou gay", apenas diga: "Ainda bem que me contou isso. Eu te amo e te apoio de qualquer maneira. A vida é sua, então como gostaria de resolver isso?" Faça com que ela se sinta segura com você, não sendo crítica. Diga o que pensa, mas não seja cruel. Às vezes os filhos provocam para obter uma reação dos pais. Se você não reagir, não terão motivo para provocar e confiarão mais vezes em você. Esse relacionamento dc pais com filhos também inclui não impor a sua vontade à sua filha, dizendo com quem ela deve sair, ou que tem de casar com um médico, ou o que quer que você ache melhor para ela.

- **Use *As regras* com sua filha.** Sabemos que isso parece engraçado, mas é verdade! Não seja insistente. Se sua filha lhe pedir para não escrever no mural dela no facebook, não escreva. Você tem de respeitar os limites dela. Se for invasiva, ela pode começar a guardar segredos.

- **Passem momentos juntas.** Se quer criar bem sua filha, não lhe dê apenas coisas materiais. Dê-se também e doe seu tempo a ela. Vá ao cinema, às compras com ela, à manicure ou pedicure, cozinhem juntas, aluguem bicicletas ou saiam para caminhar.

Tenham seus programas de TV favoritos para assistirem juntas. Nunca esteja ocupada demais para a sua filha.

- **Ensine boas maneiras e maquiagem para a sua filha.** Ficamos surpresas de saber nas consultas sobre a infância que algumas mães não ensinavam às filhas nada sobre roupas, cabelo e maquiagem, menos ainda sobre etiqueta e bons modos. Nunca brincaram com seus cabelos, nem pintaram as unhas dos pés, nem deixaram que as meninas pegassem emprestadas suas bolsas e sapatos. Se está deixando que a televisão e as revistas eduquem sua filha, não se espante se ela se vestir de forma inadequada, ou se usar maquiagem demais. Se não lhe ensinou essas coisas quando ela era menor, comece agora. Nas férias escolares, ou numa folga do trabalho, planeje um dia de reformas. Se ela for tímida, faça pelas duas para que ela não se sinta no centro do palco. Se ela gostar de ser o centro das atenções, faça tudo nela: cabelo, maquiagem, roupas. Você não precisa gastar muito dinheiro, mas faça com que ela veja que pode ficar linda e que você acha que ela é linda. Mostre que valoriza a opinião dela pedindo conselhos sobre roupas. Se ela se sentir segura, ficará segura, e esse é o segredo para seguir *As regras*.

- **Não tenha ressentimentos dela.** Algumas mães são um pouco (ou muito) ciumentas, ou invejosas, porque as filhas parecem ter uma vida mais fácil do que a delas. Competem com elas, às vezes até tentam se vestir como adolescentes. Ou simplesmente se ressentem de ter de criar uma filha em vez de perseguir os próprios sonhos. Se você sente isso, talvez precise procurar ajuda. Profissional ou não, você tem de conversar com alguém para não descarregar sua raiva nela. A sua filha não devia ter uma vida melhor do que a sua? Como mãe dela, sua função é dar o que você não teve e não deixar de dar. Não diga "Minha mãe nunca disse que eu era bonita", ou "Dê graças a Deus. Eu nunca tive aula de balé!". Em vez disso, sinta-se feliz da sua filha não ter as dificuldades emocionais ou financeiras que você teve. Por que ela devia sofrer como você sofreu? Dê-lhe a melhor vida que puder e procure não agredi-la. Não estamos sugerindo que deve mimá-la, mas dê-lhe amor e atenção sempre que precisar. E tenha certeza de que ela vai ligar para você e visitá-la mais vezes quando você estiver mais velha. Esse amor vai recompensá-la com uma vida saudável e feliz para ela. E não é isso que queremos para os nossos filhos?

- **Estabeleça limites.** Pais que deixam os filhos fazerem o que quiserem nem sempre estão prestando um favor. Especialmente as mulheres jovens precisam de limites numa sociedade que glamoriza grosseria, transas casuais, saltos altos e gravidez na adolescência. Limites são amor. Sinta-se livre para dizer "Quer fazer o favor de usar um top por baixo dessa blusa transparente?", ou "Não poderá fazer tatuagens ou piercing no nariz enquanto estiver vivendo na minha casa", ou "Se quer fumar, terá de fumar lá fora", ou "Não pode convidar o seu namorado quando eu não estiver em casa", ou "Pode ficar fora até meia-noite nos fins de semana". Seja mãe ou pai delas. As crianças querem regras. Liberdade demais é assustadora para elas e pode provocar problemas mais tarde.

IV
Faça o que quiser até estar pronta para seguir *As regras*

- Sente-se bem quando um cara com quem foi para a cama nunca mais lhe envia mensagens de texto?

- Acha que ser convidada para sair de última hora é divertido e espontâneo, em vez de humilhante?

- Você convida os caras para sair e só dá de ombros quando eles dizem que não?

- Você continua saindo com um cara que diz "não estou querendo nada sério", e que sai com outras mulheres?

- Quando sua mãe ou amigas sugerem *As regras*, você diz: "Sou formada. Ninguém vai me dizer o que fazer."?

Se você respondeu sim para qualquer uma dessas perguntas, então continue fazendo o que faz. Esse livro pode não ser para você, pelo menos ainda não. A única coisa que podemos dizer é, divirta-se quebrando *As regras* enquanto durar. Persiga um cara, escreva no mural dele todos os dias, viaje até a cidade dele, envie mensagem de texto às duas da madrugada e diga o quanto gosta dele. Faça uma verdadeira farra. Seja ousada, rebelde e provocante. Seja louca e livre! Vamos e venhamos: a maioria das universitárias não quer qualquer regra, menos ainda *regras* de namoro. Elas querem fazer o que bem entenderem. Não estão pensando em alianças, noivado, casamento e filhos, então por que desistiriam da diversão a curto prazo por qualquer coisa a longo prazo? Podem até nem ter planos para o futuro ainda. Nesse ponto da vida delas, só querem estudar, sair com os amigos e esperam se formar. Elas querem experimentar o sexo, possivelmente com bebida e drogas. Não estão procurando nada sério. Querem ser bobas e flertar com qualquer um, em vez de esperar pelo cara que vai notá-las primeiro e dar o primeiro passo. Não estão à procura de marido. Querem a opção de transas casuais quando os hormônios estão a mil. Querem seguir seus sentimentos em vez de serem discretas. Para que seguir um conjunto maçante de *regras* quando se é jovem e tem o resto da vida para fazer isso? Por que não se divertir agora e resolver as coisas depois?

    Nós entendemos perfeitamente! *As regras* não são para as mulheres que só querem se divertir. São para aquelas que se magoam e ficam deprimidas quando um relacionamento não dá certo. São para mulheres que procuram suas melhores amigas, terapeutas, médiuns ou nós quando não sabem o que fazer para um homem assumir um compromisso com elas. Elas não acham as transas casuais satisfatórias. Querem um relacionamento carinhoso e duradouro. Se você ainda não sente desta forma, então, definitivamente, faça todas as extravagâncias possíveis: envie mensagens de textos para os homens a noite inteira, ou embarque em um avião para conhecer um cara da internet que acabou de incluir na sua lista de amigos do facebook, ou cujo perfil você acabou de abrir.

Recebemos com frequência e-mails e mensagens no facebook de mulheres que acham que uma irmã ou amiga precisam de *As regras*. Elas escrevem: "Ela aceitou de volta um cara que a traiu. Ela precisa mesmo de *As regras*!", ou "Ela está com 30 anos, namora esse cara há seis e ele ainda não a pediu em casamento. Ela precisa resolver isso rápido", ou "Minha colega de trabalho está apaixonada por um cara casado que tem filhos, e ela não ouve o que eu digo. Gostaria que ela seguisse as suas *regras*". Ou recebemos e-mails de mães preocupadas que dizem: "Minha filha está sempre correndo atrás dos homens e se magoando. Estou preocupada com a reputação dela. Vocês podem ajudá-la?" Recebemos e-mails de mulheres que leem os blogs de fofocas nos tabloides que escrevem: "Não posso acreditar que a atriz fulana de tal foi ficar com ele no próprio cenário do filme e mudou para a casa dele. Não admira ele achar que ela era um grude e descartá-la. Ela precisa de *As regras*!" Nós temos até as fãs de *As regras* no facebook que acham que o livro devia ser dado no nascimento ou na puberdade, ou ao menos adotado em educação sexual no ensino médio!

Claro que entendemos o que elas sentem. É frustrante ver uma amiga, ou membro da família, ou atriz admirada estragando sua vida amorosa se existe um jeito melhor de namorar. Mas dizemos para elas o que dizemos para você aqui: *As regras* é para mulheres que querem essas *regras*, não para as que *precisam* delas. Fazer charme e se fazer de difícil, namorar impondo limites e com autoestima não é nada fácil, e ninguém vai fazer isso se não tiver sofrido muito e chegado ao fundo do poço.

Quando as mulheres compram o nosso livro ou entram em contato conosco para marcar consultas, não fazem isso porque acordaram um dia qualquer e resolveram: "Acho que eu quero seguir *As regras*." Não é por não terem nada melhor para fazer! É simplesmente porque acabaram de se machucar com outro homem em mais um relacionamento que não vai a lugar nenhum e querem desesperadamente mudar seu *modus operandi*. Suportaram anos de sofrimento e humilhação e esse último relacionamento foi a gota d'água. O namorado traiu de novo, ou o cara que namoravam havia cinco anos nunca quis casar com elas, ou o homem casado não separou da mulher e elas simplesmente não aguentam mais. Estão cansadas de esperar, ou de perseguir e ficar vigiando, ou de ter relacionamentos fantasiosos. Estão cansadas de gratificação instantânea, sem nenhum resultado. Estão cansadas de não ter um par para o casamento da prima. Estão cansadas de ser descartadas.

Em alguns casos, a mulher nos procura porque acabou de conhecer o cara certo e não quer estragar tudo. Depois de anos quebrando as *regras* e se consolando com transas casuais, ela finalmente conheceu um cara bonito e, depois de um beijo, teve o momento de revelação. Ela percebe que deseja realmente um relacionamento amoroso saudável, não só um monte de mensagens de texto e sexo. Ela não quer estragar tudo sendo atirada demais ("O que vai fazer hoje à noite? Tenho dois ingressos para um concerto."), ou carente demais ("Quando vou vê-lo de novo?"). E ela pensa: "Espere aí, não quero perder esse cara. Preciso de um plano!" Quando a mulher chega a esse ponto, quando ela quer acabar com seus hábitos autodestrutivos nos relacionamentos, ela está pronta para seguir *As regras*.

É claro que entendemos que algumas mulheres mais jovens que leem esse livro podem ter dificuldade para segui-lo. Elas estão em um ambiente em que as amigas têm os colegas da universidade no botão rediscar e todos se embebedam e partem para transas casuais, sem terminar os namoros primeiro. Elas ainda estão descobrindo as coisas e descobrindo elas mesmas. Tente dizer para a típica caloura para "beber só uma dose" e "esperar até ter um relacionamento sério para ir para a cama", ou para "escrever raramente no mural do cara", e veja o que acontece. Nós já demos palestras em universidades e fizemos seminários em que as mulheres jovens reclamaram que é difícil cumprir as *regras* quando todas as pessoas que elas conhecem enviam mensagens de texto sem parar e transam com todos. Mas a verdade é que você ainda pode ser uma seguidora de *As regras* independentemente da sua situação ou do ambiente em que vive. Talvez não queira se casar aos 19 anos, mas pode querer ter um relacionamento amoroso em que o homem seja louco por você. *As regras* oferece essa possibilidade. Você tem o controle. Você não se machuca. Ora, isso não seria bom?

As universitárias não são as únicas rebeldes. Ouvimos mulheres com vinte e poucos anos que estão se descobrindo e seguindo seus corações. Não pensam muito e não seguem um conjunto aborrecido de instruções para o namoro. Elas acham que *As regras* não são divertidas, ou que não estão prontas para cumpri-las agora, talvez dentro de cinco anos. Nós entendemos. Também temos clientes com trinta, quarenta e cinquenta e poucos anos que acabaram de sair de um longo relacionamento, ou de um casamento infeliz. Essas não saem com um homem que mal conhecem há anos. Elas nos procuram para saber qual é a resposta de *As regras* para a situação delas, só que depois não estão prontas para segui-las. Elas desejam ousadia. Querem agir como adolescentes e ter três horas de mensagens de texto, oito horas de programa com um cara e até algumas transas de uma noite só.

Tivemos uma cliente que estava decidida a compensar o tempo perdido depois de ficar casada com um alcoólatra que nunca queria sexo. Ela enviou um e-mail para um homem bonito que conheceu online e resolveu lhe enviar uma mensagem de texto às duas da madrugada, pensou que seria "uma aventura" pegar o carro e ir para a casa dele aquele fim de semana. Eles dormiram juntos e ela ficou com ele três dias. Disse que não se importava se nunca mais soubesse dele porque só queria se divertir e compensar o tempo perdido. Ela ficou falando com ele esporadicamente durante três meses, só quando ele queria que ela fosse para a casa dele. Não havia jantares românticos, nem e-mails apaixonados. Depois que ele terminou o relacionamento com uma mensagem de texto, ela ficou arrasada. Descobriu que mesmo quando nos convencemos de que "está tudo bem se for só sexo", em geral não é bem assim. As mulheres querem mais. Por isso agora ela está seguindo *As regras*, e adorando.

Temos algumas clientes do tipo intelectual que argumentam que *As regras* não são sinceras. Elas querem "escrever as próprias regras" e "deixar que seu espírito as guie" para enviar e-mails ou mensagens de texto para o homem, ou para dormir com ele. Nós dizemos que essa filosofia parece boa, mas que elas nos procurem depois de se machucar e/ou conhecer o homem com quem realmente querem viver. E elas costumam fazer isso mesmo. Às vezes, elas seguem *As regras* acidentalmente, porque não achavam que gostavam mesmo do cara, e ligam para nós triunfantes para dizer: "Eu não segui *As regras* e estamos noivos." Mas nós explicamos que só por ter sido acidental não quer dizer que não foram *As regras*. É como perder cinco quilos sem se esforçar nada, porque você teve uma gastrenterite. Não importa a sua idade, se é caloura solteira, ou se tem 45 anos e é divorciada. *As regras* são para você, se está cansada de cometer erros com os homens e de ficar magoada e ser rejeitada. *As regras* são para você que quer ter um relacionamento carinhoso e saudável com o namorado e/ou futuro marido, e não transas de uma noite só e maratonas nas mensagens de texto. Por isso, quando "fazer o que bem entende" deixar de funcionar, você vai pensar em seguir *As regras*. Até lá, faça loucuras!

REGRA 1
Seja uma criatura diferente das outras

Quando as mulheres nos procuram para marcar uma consulta, em geral não estão se sentindo bem com elas mesmas. O homem pelo qual estão apaixonadas não as convidou para sair, o namorado de três anos não as pediu em casamento, ou o namorado da faculdade acabou de terminar por mensagem de texto. Elas se sentem feridas, incompetentes e mal-amadas. Algumas querem parar de namorar indefinidamente, ou até quando sentirem que conseguem confiar em um homem de novo. Compram um animal de estimação ou comem sorvete, faltam dias às aulas ou ao trabalho. Mas nós as ajudamos a voltar para o jogo e garantimos que, independentemente da situação delas, são criaturas diferentes das outras, que qualquer homem teria sorte de sair com elas. Nós lhes devolvemos a segurança.

Ser uma criatura diferente das outras não é ser a mais bonita, nem a mais desejada, trata-se de ter segurança e autoestima, não importa o que esteja acontecendo na sua vida. É namorar com dignidade e não desespero. Uma CDO não é ansiosa, nem ciumenta, nem negativa, nem cínica. Ela acredita no amor, mesmo depois de um fim de namoro doloroso. Ela jamais diria que ninguém presta numa reunião de solteiros, ou que são os derrotados que estão em sites de namoro, ou que ela nunca encontrará alguém. Ao contrário, ela entra em uma boate como se fosse a dona do pedaço e diz para ela mesma: "Sou linda. Quem não ia querer conversar comigo? Tem alguém por aí feito para mim." É claro que ela pode não se sentir assim, nem acreditar piamente nisso, mas age como se acreditasse. Se nós esperássemos até ter vontade de namorar depois de um fim de namoro muito ruim, podíamos estar esperando *até hoje*. Quanto tempo devemos esperar para começar a sair de novo? Um dia é mais do que suficiente. A melhor maneira de superar a paixão por um homem é simplesmente conhecer outro. Você pode chorar pelo seu ex enquanto procura eventos para encontrar namorados. Você não tem tempo a perder!

Ser uma CDO também é fazer o melhor com o que você tem, e não desejar ser outra pessoa. Não importa se não era popular no ensino médio, se a sua família não é funcional, ou se está desempregada. Você é otimista e não reclama (pelo menos não quando faz algum programa). Continua aparecendo com uma roupa atraente e um sorriso no rosto. Levanta a cabeça e não encara homem nenhum. Caminha pelo ambiente repetindo o mantra que diz que você é linda e que qualquer homem seria um sortudo de conhecê-la. As mulheres são famosas por se subestimarem, por isso dizemos a elas que reajam e se animem. Quando você pensa como uma CDO, tem menos chances de iniciar uma conversa com um homem, de sair com ele no ímpeto do momento, ou de ficar bêbada e depois ir para a cama com ele.

Alexa, de 32 anos e formada em administração, ligou para nós chorando depois que seu namorado de três anos terminou o namoro. Ela passou a noite inteira lendo *As regras* e ficou histérica depois de descobrir que tinha quebrado todas as *regras*. Nós lembramos que ela é uma criatura diferente das outras e que qualquer homem teria muita sorte de conhecê-la. Pedimos que mandasse algumas fotos e respondesse algumas perguntas a fim de fazermos um perfil virtual para ela, não no dia seguinte ou na semana seguinte, mas no mesmo dia. Alexa tinha sido modelo quando estava no ensino médio, por isso lhe demos o nome de SmartEx-Model 32. Ela recebeu dúzias de e-mails apaixonados de homens nas primeiras semanas. Bem, que homem não ia querer sair com uma modelo, ex ou não? Hoje ela está casada com um arquiteto alto e bonito, em quem aplicou *As regras*.

Agora, algumas mulheres argumentam que se chamar de SmartEx-Model, ou de PrettyMBA num anúncio online é um tanto arrogante ou pretensioso. Nós não temos de ser mais modestas? De jeito nenhum! Se não achamos que somos incríveis, quem vai achar? As mulheres, especialmente as que tiveram o coração partido, tendem a se sentir como "mercadoria estragada", mesmo quando são bonitas e realizadas, por isso nós as construímos online.

Outra cliente, Morgan, uma contadora de 40 anos, ficou arrasada quando o cara com quem saía durante seis meses disse que tinha encontrado outra. Ela ligou para nós e dissemos que ela fosse a um encontro de solteiros para os homens poderem babar por ela. Um homem que ela conheceu disse: "Você é maravilhosa! Tem namorado?" Direta e sincera, ela respondeu: "Não, o meu namorado acabou de terminar comigo." Claro que essa não era uma resposta de uma CDO e o homem encerrou a conversa de repente, sem pedir o telefone dela. Ele deve ter pensado que era informação demais. Morgan nos procurou na manhã seguinte querendo uma consulta e nós dissemos: "Você é uma CDO! Por que contaria para um homem que foi rejeitada?" Quando outro homem perguntou se tinha namorado, ela disse: "Acho que ainda não encontrei o homem certo." Hoje ela está namorando um belo consultor financeiro.

Ser uma CDO significa que você não precisa responder a todas as perguntas. Então, se tem 20 anos e é virgem, e um homem que acabou de conhecer pergunta se já fez sexo, você diz: "Não me sinto à vontade para falar disso agora." E se tiver 40 anos, for solteira e um homem perguntar se já foi casada, não fique na defensiva e não diga "Fui noiva duas vezes", seja apenas leve e solta e diga "Eu ainda não conheci o cara certo".

Uma CDO nunca se rebaixa nem age de modo destrutivo, mesmo que se sinta um fracasso no departamento dos homens. Ela não é um tapete, ela se adora! Não cede à pressão de um colega nem pressiona os homens para dormir ou sair com ela. Ela não é um livro aberto. Não fica falando o tempo todo quando sai nem exagera no twitter. Ela ouve mais do que fala. Não é ciumenta nem cruel, por isso nunca falaria mal do ex-namorado para outro, nem escreveria coisas que pudessem feri-lo no mural do facebook. Uma CDO também jamais dormiria com o namorado da melhor amiga, nem partiria para uma briga com outra mulher por causa de um homem. Ela acredita que o que é seu, é seu!

Uma CDO tem autoestima demais para correr atrás dos homens. Ela sabe instintivamente que todo homem tem um tipo, uma aparência que lhe agrada mais, por isso quem gostar dela irá atrás dela. Uma CDO é calma e paciente. Ela espera que os homens deem o primeiro passo no trabalho, na turma, numa festa, ou online. Ela sabe lá no fundo que um homem vai notá-la ou não, por isso não tenta fazer nada acontecer.

Uma CDO não racionaliza comportamentos contra *As regras*, online ou offline. Uma CDO é uma CDO do ciberespaço também. Não responderia a um e-mail ou mensagem de última hora que dissesse "O que vai fazer daqui a cinco minutos?". Ela está ocupada. Tampouco é sarcástica ou mal-humorada. Jamais escreveria de volta, com raiva, "Não vou estar com você!", nem passaria sermões nos homens como "Por que não me convidou mais cedo?". Ela não responderia nada, para evitar um monte de mensagens sobre nada. Simplesmente clica o botão ignorar, se for perda de tempo.

Uma CDO não se esforça muito nem se estressa em nenhuma circunstância. Ela está de bem com ela mesma, até se acabou de perder o emprego, ou se um homem não ligou para ela. Em vez de comer uma caixa de biscoitos, ou de se embebedar para afogar as mágoas, ela faz as unhas das mãos e dos pés e vai a uma reunião de solteiros, ou atualiza o seu perfil em JDate. com ou Match.com.

Quando tem um relacionamento, a CDO não é possessiva. Não fica grudada no namorado em público. Deixa que ele ponha o braço sobre o ombro dela. Deixa o homem ser o caçador. Não tira isso dele. Deixa que ele leve o relacionamento para o nível seguinte, já que aprecia que ele goste de tomar a iniciativa em tudo. Ela sabe como deixar que ele a pegue.

Uma CDO não é carente. Recebe a atenção de todos por *não* procurar chamar atenção. Não precisa falar alto, nem ser superengraçada, nem superinteligente. Ela sabe que o simples fato de estar num ambiente, ou de estar online basta. Agora que explicamos qual é a beleza interior da CDO, vamos falar de qual aparência a CDO deve ter, já que os homens têm o sentido da visão muito preponderante e precisam sentir uma fagulha física para querer perseguir e conquistar uma mulher.

REGRA 2

Pareça uma criatura diferente das outras

Pode ser difícil ouvir isso, mas estaríamos mentindo se disséssemos que a beleza interior é a única coisa que importa. Como já mencionamos, a maioria dos homens tem obsessão pela aparência. Em outras palavras, a maioria dos homens não vai descobrir que você é maravilhosa por dentro se não gostar de você por fora. Os homens têm um tipo que os atrai mais. O atraente ator Leonardo DiCaprio tem uma queda por louras altas e magras como Blake Lively, Bar Refaeli e Gisele Bündchen. O terceira base do New York Yankees, Alex Rodriguez, prefere louras bonitas com corpos esculturais como Kate Hudson, Cameron Diaz e Torrie Wilson. O beque dos Dallas Cowboys, Tony Romo, também tem um fraco por louras bonitas e já namorou as cantoras Carrie Underwood e Jessica Simpson antes de ser fisgado pela ex-miss Missouri, Candice Crawford. O magnata Donald Trump gosta de todas as lindas e altas modelos europeias como a primeira mulher Ivana e a atual Melania. Por que dizemos isso? Porque é perda de tempo correr atrás dos homens. Você pode não ser o tipo deles, então não importa o quão maravilhosa seja, eles não vão se interessar.

As consultas de *As regras* incluem uma avaliação da aparência das clientes, tanto para encontros de solteiros e namoro, como para as fotos do perfil dos sites de namoro online. Eis algumas dicas gerais de beleza que sugerimos:

CABELO

Comprimento e estilo

A maioria dos homens prefere cabelo comprido e liso, abaixo do ombro. Um dos nossos cabeleireiros pessoais que trabalhou num salão de primeira categoria na cidade de Nova York e que tem clientes muito famosas fez uma pesquisa entre os homens que cortam o cabelo com ele. *Todos* disseram que adoram cabelo comprido e liso para as mulheres. É simplesmente o mais feminino. Qualquer coisa acima do pescoço ou do queixo tende a parecer masculino. Dizemos para as nossas clientes deixar o cabelo crescer, ou até usar apliques para torná-lo mais longo. Algumas mulheres dizem que o cabelo delas é fino demais para usar comprido, ou que cabelo comprido dá mais trabalho para lavar e secar. A nossa proposta é, experimente. Outras dizem que apliques de cabelo são muito caros, mas lembramos que não tiveram problema quando pagaram 500 dólares por uma passagem de avião para visitar o último namorado. Veja como você fica. Além disso, cabelo encaracolado pode parecer embaraçado e o cabelo comprido e liso parece mais aqueles lindos anúncios de xampu. Dizemos para as mulheres que têm cabelo naturalmente cacheado que façam uma escova progressiva ou usem um alisante.

Cor

Muitas vezes dizemos para as mulheres que se sentem sem graça com cabelo castanho para experimentar luzes ou pintar de louro. Um tom mais claro realmente melhora o visual. Cabelo grisalho prematuro deve ser pintado imediatamente, porque nada faz com que você pareça ou se sinta mais velha do que ter a cabeça branca. O cabelo é uma das primeiras coisas que um homem nota numa mulher e não pode ser ignorado ou negligenciado.

Maquiagem

Maquiagem pode ser algo complicado para certas mulheres. Elas ficam pálidas e inacabadas, ou então usam maquiagem demais e ficam escandalosas. Nada disso cai bem. Dizemos à maioria das nossas clientes para ir ao balcão da sua marca preferida numa loja de departamentos e pedir uma maquiagem para o dia e outra para a noite, além de instruções de como recriar as duas sozinhas. Muitas mulheres têm estilo pessoal próprio, mas achamos que são obrigatórios para uma CDO um blush, delineador, rímel e um brilho labial de cor clara. Essa bela maquiagem faz com que o homem se concentre nos olhos e nas maçãs do rosto. Um blush bronzeado dá a impressão de que você acabou de chegar de uma temporada na praia. Depois do cabelo e da maquiagem, pedimos que elas tirem fotos para usar em seus perfis online.

Cirurgia plástica

Muita coisa já foi escrita a respeito desse tópico, pró e contra, e somos da opinião de que cada mulher deve decidir por si própria.

Embora não defendamos uma cirurgia de risco, acreditamos que é importante para a mulher se sentir segura em relação à sua aparência, e reconhecemos que às vezes isto requer mais que uma simples maquiagem. Se uma cliente nossa deseja modificar sua aparência para se sentir mais bonita e autoconfiante, nós apoiamos completamente sua decisão.

OUTRAS COISAS DE BELEZA QUE SÃO ESSENCIAIS

Se você tiver pelos faciais em excesso, sobrancelhas unidas, ou buço, deve clarear ou depilar. Se tiver unhas fracas ou se as rói, use unhas postiças de gel que podem durar até três semanas. Unhas compridas farão com que se sinta como uma deusa, e cílios longos também. Talvez seja bom aplicar cílios postiços. Branqueie os dentes, especialmente se estão amarelos ou manchados de café e cigarro. Use lentes de contato (experimente azuis ou verdes), em vez de óculos. Sim, ser uma CDO dá trabalho. Mas como Mae West disse: "Não existem mulheres feias, apenas preguiçosas."

ROUPAS

Algumas mulheres podem administrar empresas ou correr maratonas, mas não ter a mínima ideia de como se vestir para os homens. Elas vivem de golas altas, ou conjuntos superpráticos e funcionais, ou usam cores berrantes em vez de roupas mais sensuais em tons sofisticados e lisos de preto, branco, cáqui e ocasio-

Só estou indo para a aula. Será que preciso mesmo ser uma CDO hoje?

Todas nós temos dias em que preferimos trocar nossas calças jeans justíssimas e maquiagem por calças de moletom e um coque de qualquer jeito, e não vemos mesmo nada de errado em aparecer numa aula de manhã cedo assim imperfeitas. Afinal de contas, somos humanas. Mas se sabemos que tem um homem atraente na nossa aula de história, provavelmente usamos um delineador aquele dia, só que não há necessidade de exagerar para impressionar sua paixão durante a aula, porque não é bom dar a impressão de que está se esforçando muito. Mas nos eventos sociais, você não pode trocar a moda pelo desleixo. Ter a aparência que chama a atenção não depende das lojas em que faz suas compras, nem de que marcas você usa. Trata-se de exibir o seu estilo de modo que demonstre que você se esforçou sem ser radical demais. Você não deve encontrar um homem para almoçar com uma camiseta puída que ganhou no Bat Mitzvah de uma amiga da escola há muitos anos. Em vez disso, escolha tops bonitos que realcem o seu corpo e passe um tempo diante do espelho. Você pode experimentar algumas combinações de roupas diferentes, mas a ideia básica é sempre a mesma: parecer que você se importa com isso e mostrar para ele que é linda por dentro e por fora.

– *Filhas que seguem As regras*

nalmente verde-musgo. Ou então usam blazers com camisas brancas abotoadas, pashminas, lenços e botas de cano alto sem salto que são ótimas para andar a cavalo, mas não para sair. Se uma mulher quer atrair a atenção de um homem, deve usar roupas sexy e transadas (não necessariamente caras), como blusas que exibam o colo com um sutiã que levante os seios e uma saia curta, qualquer altura acima do joelho. Lembramos às mulheres que devem se vestir para os homens, *não* para as outras mulheres. Os homens não gostam de sapatos sem salto, mesmo que sejam Chanel ou Tory Burch. Eles querem que você pareça feminina de salto alto, o mais alto que suportar.

Compreendemos que você possa ter um estilo exclusivo e respeitamos isso, mas em termos de se vestir para sair pela primeira ou segunda vez com um homem, achamos que uma certa aparência, ou uniforme, se preferir, funciona melhor. Blusas que mostrem um pouco de pele, saias curtas ou calças jeans justíssimas e salto alto. Conjuntos de calça comprida e blusa, lenços compridos que escondem o seu colo são ótimos para o trabalho, ou para almoçar com as amigas, mas para os homens você tem de ficar excitante, excitante e excitante. Não vulgar, mas sexy.

Kristi, farmacêutica de 30 anos, falou conosco depois de um relacionamento de dois anos terminar porque o namorado não a pediu em casamento. Além de repassar todas as *regras* que ela havia quebrado, examinamos as roupas dela também. Ela tinha um estilo funcional e sem graça. Camisetas sem decote, camisas masculinas, saias até o joelho e sapatos rasteiros. O cabelo estava sempre preso em um coque ou rabo de cavalo. Tudo que ela usava era caro, mas sem graça. Parecia que estava indo para a biblioteca. Se ia começar a sair de novo, tinha de parecer atraente.

Mostramos a ela camisetas pretas com decote em V, gola canoa e tops, saias de brim branco e lycra preta, e sandálias com salto oito de sua sapataria preferida. Ela tirou fotos depois da reforma e das compras e ficou parecendo uma modelo. Ela nem acreditou na mudança. Hoje está saindo com alguns homens que conheceu online e indo a reuniões de solteiros, e um deles a convidou para o casamento da irmã. Ela já sabe o que vai usar: um vestido curto de lantejoulas e salto oito. Encerramos a defesa!

Especialistas dizem que você deve examinar o seu armário a cada dois anos e dar ou jogar fora qualquer roupa que não seja sexy ou charmosa. Nós concordamos. Do mesmo modo que você deve sair rapidamente de um relacionamento que não está funcionando, deve se despedir de roupas sem graça ou velhas, sapatos e bolsas. Muitas clientes pediram ajuda para fazer uma faxina em seus armários durante as consultas de reforma. Uma CDO não guarda roupas sem charme. Nenhuma titubeou.

ACESSÓRIOS

Também nesse caso as mulheres têm estilo próprio. Mas nós achamos que o melhor acessório para qualquer seguidora de *As regras* é brinco de argola grande (seis centímetros, dourado ou prateado). Dá um aspecto jovem, com cabelo comprido e liso e a maquiagem certa. Pequenos brincos de brilhante ou strass são ótimos quando você está noiva ou casada, mas são delicados demais e tradicionais demais quando está solteira. Para chamar a atenção de um homem, você precisa usar brincos grandes, pendurados, não aqueles que se perdem no seu cabelo. Argolas grandes gritam sensualidade.

Outro excelente acessório é um relógio grande de ouro. É ousado, moderno e exala segurança. Na verdade, um relógio grande e brincos de argola são tudo que você precisa para parecer sexy. Deixe o homem comprar uma pulseira ou um colar para você, e finalmente um anel de brilhante. Esses acessórios podem parecer apenas uma tendência, mas não são. Dizemos para nossas clientes usá-los esses últimos vinte anos. Foram provados e aprovados. As marcas podem ir e vir, mas essa aparência sofisticada não mudou nada. Não pergunte, porque não sabemos explicar. Só sabemos que funciona.

Óculos escuros grandes e a bolsa da moda também são bons investimentos. Os homens podem não conhecer Payless da Prada, mas vão notar se você estiver usando uma armação famosa de óculos escuros, ou uma bela bolsa. Então procure online, ou escolha revistas como *InStyle* ou *Vogue* e copie o que as celebridades estão usando, mas dentro do seu orçamento. Usar armações estreitas ou de aviador quando a moda é de óculos escuros enormes do tipo Jackie O ou Victoria Beckham farão com que você pareça desatualizada. Do mesmo modo, se o que está na moda são as bolsas grandes e moles, você não deve usar uma bolsa pequena nem uma pochete.

Os homens gostam de pensar que estão saindo com uma modelo ou celebridade, por isso pareça uma!

REGRA 3

Não tome a iniciativa de falar ou de enviar mensagem de texto antes dele

No nosso primeiro livro, dissemos para você não puxar conversa com os homens primeiro. Nem mesmo um "oi" inocente, ou "que horas são?". Fazer isso, além de mostrar interesse, vai contra a ordem natural da paquera: o homem perseguindo a mulher. Se você falar ou enviar mensagem primeiro, isso será dar o primeiro passo, então como é que vai saber se ele tomaria a iniciativa por conta própria? Não vai, e esse é o problema.

A intenção por trás de falar ou enviar mensagem para um homem primeiro cai em três categorias básicas. A primeira e a pior é criar um relacionamento. A segunda e mais sutil é lembrar a ele que você existe, ou até convidá-lo para sair, se não souber mais dele depois de sair uma vez. A terceira é terminar porque você não sabe dele há bastante tempo. Todas as três são pretextos para fazer coisas acontecer ou manter um relacionamento totalmente contra as *regras*.

Falar ou enviar texto para um homem primeiro pode fazer você se sentir moderna, mas basicamente você está apenas entrando pelos fundos, criando um relacionamento que podia jamais ter acontecido se não fosse isso. Ele pode sair com você porque se sente lisonjeado, ou está entediado, ou porque você é simpática, mas provavelmente não está louco por você. Você pode receber mensagens confusas dele. Às vezes parece interessado e outras esquece que você existe. Mas esse não é um relacionamento de *As regras*. Quando um homem fala ou envia mensagem de texto para você, ele nunca é ambivalente. Está sempre interessado e mantém contato o tempo todo. Se você tomar essa iniciativa de falar ou mandar mensagem primeiro e acabar num relacionamento com ele, pode ficar confusa quando ele terminar depois de um tempo, mas confie em nós: foi porque você deu o primeiro passo.

Num relacionamento com *regras*, o homem entra em contato com você, depois de ter saído uma vez, para convidá-la de novo. Você nunca precisa enviar mensagem primeiro, em momento algum, porque *ele* vai ficar sempre enviando mensagens de texto para combinar a próxima saída. Por isso, se não souber mais dele, é porque o relacionamento acabou e falar com ele para não perdê-lo ("Foi ótimo, obrigada pelo jantar!", ou "Você sumiu, está tudo bem?") é um artifício que não funciona. Sua tática pode prolongar um pouco o relacionamento, mas ele acabará parando totalmente de enviar mensagens. Poupe o seu tempo e evite mais coração partido não se comunicando primeiro com um homem. Jamais. Essa *regras* também se aplica a mensagens instantâneas, ao facebook e aos e-mails, como falaremos em outros capítulos.

Você pode pensar "Está falando sério? Até hoje um homem ainda precisa tomar a iniciativa?", ou "Tudo é mais casual hoje em dia. Essa geração é diferente!". Nós entendemos como você se sente. Pode parecer maluquice, ou rigidez demais não falar ou enviar texto para o homem primeiro, mas funciona mesmo! Quando dissemos para as mulheres há mais de quinze anos para não começar o relacionamento falando ou ligando para os homens primeiro, elas também reagiram chocadas. Mas logo se recuperaram quando viram os resultados.

Por vezes são as mulheres mais bem-sucedidas que quebram as *regras*. Elas dizem que seus diplomas ou níveis de graduação lhes dão permissão para correr atrás dos homens como correm atrás das carreiras e dos apartamentos. Mas uma empresária seguidora de *As regras* sabe que trabalho e amor não são a mesma coisa. A sensação da televisão, Bethenny Frankel, é um exemplo perfeito. Frankel correu atrás de tudo na vida – reality show, livros, DVDs e o negócio de bebidas. Mas não correu atrás do marido, Jason Hoppy. Frankel contou para o *New York Times* que Hoppy se aproximou e falou com ela primeiro numa boate, apesar do enxame de fotógrafos querendo chamar a atenção dela. Se deixar que o homem dê o primeiro passo foi bom para esse motor da televisão, também será bom para você.

Infelizmente, muitas mulheres inteligentes descobrem essa *regra* da maneira mais difícil. Abby, estudante de jornalismo de 21 anos de idade, achou que as *regras* eram muito antiquadas. Tinha lido nosso primeiro livro no primeiro ano da faculdade, mas resolveu que não se aplicavam a ela porque gostava de fazer as coisas do seu jeito. Por isso, quando David entrou no bar e não foi falar com ela, Abby se aproximou dele. E pensou "O que de pior pode acontecer?". Ela gostava de tudo na aparência de David, desde o cabelo comprido e ondulado até a camiseta Polo com a gola por cima do paletó esporte e os mocassins LL Bean. Ele era "exatamente o meu tipo", nos disse ela.

Ela só disse oi. David respondeu oi e comprou uma bebida para ela. Conversaram cerca de duas horas e "a química foi uma loucura". Gostavam da mesma música (Coldplay), da mesma comida (sushi), do lugar de férias (Bermuda), do mesmo esporte (basquete) e dos mesmos programas de TV (*Mad Men* e *Law & Order*). Ficaram até "de mãos dadas" alguns minutos antes de se despedir. Ela sentiu arrepios percorrendo sua espinha. Esse cara podia ser O *cara*! Trocaram números de telefone e ele disse que ia ligar para ela.

No dia seguinte ele enviou uma mensagem de texto: "Foi bom te conhecer. Acabei de mudar para um ótimo quarto e sala. Que tal vir até aqui uma noite dessas? Eu cozinho." Abby respondeu: "Sério? Quando?" David respondeu dois minutos depois: "Estou ocupado no novo emprego, respondo depois", e aí ele não escreveu de novo por uma semana. Quando escreveu foi tarde da noite, do trabalho. A melhor amiga de Abby, que não seguia *As regras*, sugeriu que ela perguntasse como ia o novo emprego. Ela disse: "Se ele estiver ocupado demais com o novo emprego, vai ser simpático você perguntar." Então Abby escreveu para ele "O seu novo emprego é muito estressante?", e ele respondeu "É, obrigado por perguntar", mas nunca mais refez o convite.

Abby nos procurou, sem entender por que David tinha desistido. Pensou em enviar outro texto simpático para ele, mas resolveu, em vez disso, mandar um e-mail para nós. Ela não entendia por que ele havia sugerido o encontro e depois não insistiu, especialmente por ela ter sido tão atenciosa. Abby tinha certeza de que tinha encontrado sua alma gêmea e não entendia o que tinha dado errado.

Repassamos com cuidado a noite toda e explicamos que ele podia ser exatamente o tipo dela na aparência e personalidade, mas tudo indicava que ela não era o tipo dele. Se fosse, ele teria se aproximado *dela*, falado com ela primeiro e dado prosseguimento com um verdadeiro convite para sair. Como foi ela que falou com ele, Abby criou uma interação que talvez nunca tivesse acontecido e, como foi *ela* que manteve a comunicação, ficou completamente perdida por ele não ser mais comunicativo. Mas nós não! Não devemos tomar a iniciativa de abordar o homem primeiro porque temos de saber o que ele fará por conta própria. Se um homem não dá o primeiro passo, ele também não faz outras coisas acontecerem, como as mensagens de texto, as ligações e os convites para sair. O homem que é abordado por você vai deixar o papo morrer porque ele nunca quis começar essa conversa, estava apenas sendo educado, ou se sentia lisonjeado. Seguindo essa *regra*, você fica sabendo se ele teria abordado você, uma morena baixa, a loura alta no outro canto da boate, ou ninguém ali, porque tem uma namorada e só queria beber alguma coisa. Abby ficou arrasada ao ouvir a verdade, mas viu que tínhamos razão e que foi por isso que David desapareceu por completo. A propósito, ela nunca mais soube dele.

Talvez você esteja pensando: "É claro que eu jamais falaria primeiro com um homem como Abby fez, nem ligaria para ele porque isso parece agressivo, mas enviar mensagem de texto é diferente. Todo mundo envia hoje em dia." Nós entendemos, você pode, sim, responder à mensagem de texto de um cara, como vai ver na *Regra 3*, mas não pode enviar a mensagem *primeiro*.

Agora, vamos falar da segunda intenção com mensagem de texto que mencionamos antes. E se o homem falasse com você

Iluda-se se for preciso

Claro, você acha que não vai enviar uma mensagem de texto para um homem, mas ao se sentir sozinha sexta-feira à noite e Katherine Heigl estiver atuando na TBS, sabemos que será tentação demais para resistir. Para combater a vontade que você sente toda vez que passa pelo número dele na sua lista de contatos, sugerimos um truque simples: mude o nome dele. Pode ser difícil resistir a enviar um recado com segundas intenções para "Jake" ou "Ethan", mas é muito mais fácil ignorar "NÃO FAÇA ISSO!", ou "ELE VAI ACHAR VOCÊ UM GRUDE!". Se essa pequena tática não funcionar, e isso pode acontecer naquelas noites em que você estiver especialmente a fim, então apague o número dele do seu celular. A tentação irá embora de uma vez e a sua reputação de mulher tranquila e bem resolvida permanecerá intacta. Outra opção é encontrar algo positivo para mantê-la ocupada e distraí-la. Vá para a academia, faça as unhas do pé e da mão, ou ligue para uma amiga e saia de casa. Às vezes o simples fato de não fazer nada lhe dá tempo demais para pensar, tempo demais para ficar olhando para o seu telefone, e tempo demais para apertar "enviar" acidentalmente. Nunca vai se arrepender de não ter enviado a mensagem de texto para ele, mas a chance é grande de lamentar se fizer isso.

– Filhas que seguem As regras

primeiro, ligasse para você primeiro e a convidasse para sair e depois não a procurasse mais? Faria mal enviar um breve texto para ele: "Oi, tudo bem? O nosso programa foi ótimo. O que aconteceu com a sua promoção?" Faria sim. Tal mensagem deixaria óbvio que você está querendo fazer contato e esperando que ele a convide para sair de novo. Seja honesta com você mesma e *não envie mensagem de texto para ele primeiro, depois de sair uma vez.*

Goste você ou não, depois de uma saída precisa esperar que ele tome a iniciativa e a convide de novo. Não pode lembrar-lhe que você existe. Se enviar a mensagem sem saber dele primeiro, vai prolongar um relacionamento que pode já ter acabado. Se ele não ligar ou escrever para você depois de terem saído uma vez, não é porque ele está ocupado demais no trabalho, porque o cachorro dele está doente, ou porque ele está de mudança, ou ainda visitando o primo no hospital. Ele simplesmente não está interessado. Daí, nada de texto.

As mulheres podem argumentar: "Mas como é que ele vai saber que eu gosto dele se eu não escrever depois de fazermos um programa juntos?" Ele vai saber que você gostou dele porque saiu com ele e porque vai responder à mensagem de texto *dele.* Mas escrever primeiro é iniciar o contato. Ele pode ficar lisonjeado naquele instante, mas depois ficará entediado e passará para a próxima mulher que realmente queria e para quem escreveu primeiro.

As mulheres que se apaixonam ficam realmente inventivas quando se trata de descobrir motivos para enviar uma mensagem de texto para um homem primeiro. Querem agradecer a bebida ou o jantar. Querem convidá-lo para ouvir a banda do amigo tocar numa boate. Elas têm, convenientemente, duas entradas para o time dele de basquete, ou para um show da Broadway que ele, por acaso, mencionou. Elas estarão no bairro ou perto do escritório dele e querem passar lá. Estão pensando em entrar para a academia dele e queriam que ele as levasse até lá. As amigas estão preparando uma festa para comemorar seu aniversário de 30 anos e ela quer enviar um convite. Querem desejar boa viagem para a Califórnia. E segue a lista. Resumindo, você precisa evitar de mandar um texto primeiro para o cara por *qualquer* motivo. Isso é correr atrás, não funciona e é uma perda de tempo.

Mandy, enfermeira de 26 anos, enviou um e-mail perguntando se podia mandar uma mensagem de texto para um cara com quem se encontrava de vez em quando havia um ano (cenário que nenhuma seguidora de *As regras* aceitaria!) para avisar que o grupo preferido de ambos ia tocar em Atlantic City. "Não vou ligar para ele, mas posso enviar um texto rápido? Isso seria tão ruim assim? O Ano-Novo está chegando e eu quero muito uma companhia." Nós falamos de todo o relacionamento. Eles foram apresentados em uma festa e conversaram três horas aquela noite. Ele disse que tinha terminado um relacionamento e não queria nada sério. Depois disso dormiram juntos umas oito vezes, todas em jantares e telefonemas de última hora. A última vez que ela soube dele foi dois meses antes, quando ele precisou desabafar sobre a ex. Depois do desabafo, eles fizeram sexo.

Claro que ela não devia escrever para ele! Um texto inevitavelmente levaria a uma série de mensagens amigáveis e encontros marcados de última hora. E se ela queria um relacionamento sério, não era aquele. Seria óbvio que o texto não passava de uma desculpa para falar com ele porque faltavam só duas semanas para o Ano-Novo e ela não tinha com quem passar. Além disso, explicamos que, se ela enviasse o texto e ele respondesse, ela teria a falsa impressão de que ele estava interessado. Então o relacionamento fantasioso dela continuaria, impedindo-a de conhecer homens que realmente se interessassem por ela e a convidassem para sair toda semana. Mandy concordou, mas então perguntou se podia pelo menos enviar para ele um último texto dizendo que o relacionamento não estava funcionando para ela, e que ele nunca mais a procurasse. *Também* não! O fim do relacionamento é mais uma desculpa que as mulheres usam para entrar em contato com um homem, e não está em *As regras*. Acredite ou não, você tem mesmo de esperar até o cara escrever para você para então terminar com ele ou rejeitá-lo e conseguir o fim do relacionamento. Mandy foi combativa, mas acabou concordando que sua motivação devia ser bancar a difícil. Mas é óbvio que não se pode bancar a difícil com um homem que não está querendo te conquistar. Depois de nos mandar o e-mail e de *não* enviar a mensagem de texto para seu namorado de fantasia, Mandy entrou para uma academia e para um site de namoro online. No fim das contas, não ter enviado o texto para ele foi libertador. Ela acabou com um mau hábito e abriu espaço para coisas melhores.

    Terminar o relacionamento é uma das maiores desculpas *esfarrapadas* que as mulheres dão para se comunicar com um homem com quem nunca tiveram um relacionamento sério. Os dois saíram poucas vezes e depois ele não deu mais notícias durante semanas ou meses. Ele deve estar saindo com outra. Mas elas precisam desse fim de qualquer maneira. (No nosso primeiro livro e na *Regra 6*, explicamos quando cabe uma ligação ou uma mensagem de texto para terminar.) Para o homem, o fim de um relacionamento é não escrever e não ver mais a mulher. O homem não precisa de uma última conversa ou mensagem de texto. Na cabeça dele, simplesmente acabou e isso basta. Mas para muitas mulheres, o relacionamento não está tecnicamente acabado sem desabafar tudo que sufocaram. Uma mulher que conhecemos escreveu uma mensagem para um cara que terminou o relacionamento de um mês dizendo que tinha se sentido usada e acusando-o de ter dado corda para ela, apesar de ele nunca ter dito que eram namorados ou que ele a amava. Ela sentiu que não podia seguir em frente sem dizer aquelas coisas para ele. Nós teríamos dito para ela escrever, sim, mas nunca apertar o botão de enviar.

Quando você finalmente para de inventar desculpas para enviar um texto para o cara antes dele, estará a caminho de se tornar uma seguidora de *As regras*. No início, pode se sentir vazia, como acontece quando começa a cumprir a dieta e não come a sobremesa, mas, ao não ceder à tentação, verá que tem esse poder e se sentirá livre. Você pode enganar a si mesma e às suas amigas com bons motivos para enviar um texto para um cara, mas nenhuma seguidora de *As regras* cairia nessa. É muito melhor receber um texto de um homem do que enviar um!

REGRA 4

Não convide um cara para sair por mensagem de texto, pelo facebook, bate-papo, nem de qualquer outra forma

Essa *regra* pode ser difícil de cumprir, porque estamos dizendo, basicamente, para você ser passiva nessa questão de sair com um homem, enquanto você tem poder sobre tantas outras áreas da sua vida. Talvez você tenha um diploma e uma conta de reembolso de despesas. Talvez seja presidente da sua irmandade na universidade. Pode ter um blog e centenas de seguidores no twitter. Talvez faça parte do conselho do seu condomínio. Ou viaja na classe executiva para congressos de vendas na Europa.

Mas aqui estamos dizendo que você não pode nem sugerir tomar um café com um homem. Lembre-se de que a premissa de *As regras* é que os homens e as mulheres não são iguais no departamento amoroso. Os homens adoram desafios e a sensação da conquista. A mulher pode ser tão ou mais inteligente do que o homem. Ela pode ganhar tanto quanto o homem e até mais do que ele. Pode ter um emprego fazendo o que ela quer fazer. Mas quando se trata de paquera e namoro, ela não pode ser agressiva sem ter de se arrepender depois. Como ocorre com o envio de mensagem de texto e a abordagem por parte da mulher antes que o homem tome a iniciativa, convidá-lo para sair destrói a caçada e raramente funciona, já que os homens sabem exatamente qual é o seu tipo e que aparência tem, e correm atrás desse modelo. Se você convidar um homem para sair, ele pode aceitar para ser educado, pelo sexo, ou porque está entediado, mas com o tempo ele largará você pela primeira mulher de que realmente gostar.

A maioria das mulheres concorda que não seria nada feminino e seria potencialmente embaraçoso convidar um homem para sair numa noite de sábado, mas acha que pode convidá-lo nos outros dias da semana para programas que não sejam tão óbvios. Uma mulher pode enviar mensagem de texto para um cara e seu grupo de amigos dizendo "Oi, vamos nos reunir no meu apartamento antes do jogo?" e não achar que isso é um convite. Ela pode estar organizando esse pré-jogo, ou a festa do trigésimo aniversário da melhor amiga com o objetivo velado de poder convidar sua paixão, sem achar nada de mais nisso. Ela pode enviar um e-mail para aquele cara bonito da turma de literatura inglesa e dizer: "Oi, que tal escrevermos nossos textos juntos?" Ou então, se ela sabe que ele gosta de um time em especial, talvez diga: "Vamos todos assistir ao jogo do Giants na casa da Maggie mais tarde. Quer vir assistir conosco?" Claro que não é um convite formal, é por um motivo específico, no contexto de um grupo, mas nenhum desses detalhes modifica o fato de que é você que o está convidando para sair.

As mulheres inventam todo tipo de desculpas para ver os caras de quem gostam. Dão uma festa pelo campeonato de futebol, mesmo se nunca assistiram a uma partida na vida. Dão uma reunião pelo Oscar no apartamento delas, ou uma festa para angariar fundos para alguma doença rara. Dizem que faltou luz e que estão com medo, perguntam se ele pode ir até lá. Que o computador enguiçou e que não conseguem configurar a impressora. "Será que você podia dar uma espiada para mim?" Isso tudo são formas sutis de fazer com que um cara se encontre com elas. Podem não ser óbvias como sugerir que saiam para beber alguma coisa, ou para jantar, mas mesmo assim não funcionam. Algumas mulheres passam horas ao telefone com as amigas, maquinando o motivo perfeito para falar com um homem!

As mulheres que convidam os homens para sair sob o disfarce de serem abertas e casuais são comuns demais. Amber, 30 anos, conheceu Jeremy, 33, numa festa. Jeremy falou com ela primeiro, pegou o telefone dela e enviou mensagem de texto convidando para tomar uns drinques dias depois. Ele também fez amizade com ela no facebook. Os dois se encontraram para beber e depois ela nunca mais soube dele. Amber tinha gostado muito de Jeremy e queria desesperadamente descobrir um jeito de entrar em contato com ele de novo, de um modo que não fosse muito óbvio. Sabia que não podia convidá-lo para sair, mas achou que não seria tão ruim enviar uma mensagem no facebook sobre a festa de Natal das amigas, que tinha resolvido fazer com o único propósito de revê-lo. Ela escreveu: "Obrigada pelos drinques. Não sei o que você vai fazer sexta à noite, mas uma amiga minha dará uma festa. Avise se quiser ir comigo, sem compromisso!" Amber passou meia hora elaborando a mensagem perfeita no facebook com as amigas para não parecer que estava convidando Jeremy para sair! Dois minutos depois Jeremy respondeu: "Legal, adoraria ir." Ele apareceu e se divertiram muito, mas ela continuou sem saber dele depois disso.

Foi aí que Amber nos enviou um e-mail pedindo ajuda. Explicamos que o relacionamento tinha acabado quando ela não soube mais dele depois dos drinques. Enviar um convite para a festa por mensagem no facebook era convidá-lo para sair, sim, e contra *As regras*. Só por ser via internet e mesmo não sendo para jantar sábado à noite, não configurava uma possibilidade, segundo *As regras*. Se não for ideia dele sair com você, então é você que o está convidando. E o mais importante, está forçando um prolongamento do relacionamento que não devia acontecer.

Vamos ser sinceras aqui! Se você precisa ficar inventando meios para fazer com que um cara fique com você, o relacionamento não vai durar muito. Amber depois descobriu, pelo facebook, que Jeremy e a ex-namorada tinham voltado e *por isso* ele nunca mais a convidou para sair. Há sempre um motivo, e por isso as mulheres que seguem *As regras* não tentam fazer nada acontecer!

A curto prazo, tudo bem, ele vai comparecer à festa, ou irá ao cinema, ou estudar com você. Mas não vai por *você*! Os homens acabam descobrindo o que são esses convites inventados e começam a pensar "desesperada" ou "agressiva". Eles querem a mulher que está sempre ocupada demais para convidá-los para sair, ou que parece que nem os nota!

Lembre-se de uma coisa, o homem gosta de quem ele gosta, e um convite para um jogo ou para uma festa não vai mudar isso. Se você for o tipo dele e se representar um certo desafio, ele vai encontrá-la e convidá-la para sair. Mesmo que ele ache você bonita, sem ser o tipo que ele prefere, não haverá diferença no que sente por você. Quanto mais cedo você aceitar essa verdade, mais rápido se tornará uma seguidora de *As regras*!

Por mais injusto e pouco feminista que pareça, a mulher não pode fazer absolutamente nada para iniciar um relacionamento.

Pare com os joguinhos

Se aprendemos alguma coisa com o gênero comédia romântica, é que a maioria dos homens não gosta de mulheres que jogam. Hoje em dia há muito mais opções de jogos, mas a mesma regra ainda é válida. Você pode achar que é inofensivo iniciar uma rodada de Desenhe Alguma Coisa com aquele lindinho da química. Talvez esteja curiosa para saber o tamanho do... hum... vocabulário dele, e resolva que algumas rodadas do Palavras com Amigos seja a melhor forma de testar isso. Mas conforme você já sabe, a mulher nunca deve fazer o primeiro movimento – mesmo que esse movimento envolva um quadradinho de letra no computador. Assim como a paquera e as mensagens de texto, é sempre melhor esperar que ele mostre a você que está interessado, e você não deve jamais iniciar os jogos do celular. Na verdade, o melhor conselho que podemos dar aqui é evitar por completo esses jogos, isto é, os jogos do celular. Uma mulher que segue *As regras* não perde tempo com Palavras Cruzadas. Ela está ocupada demais com a vida longe do celular, marcando encontros com os caras que realmente a convidam! Se um homem quiser chamar a sua atenção, ele pode ligar para você, enviar mensagem de texto, ou convidá-la para sair.

– *Filhas que seguem* As regras

Entendemos que é frustrante para muitas mulheres, especialmente para aquelas que sempre tomam iniciativa em tudo. Algumas argumentam: "O pior que pode acontecer é ele não aceitar tomar uns drinques... e daí?" Errado. O pior que pode acontecer é ele dizer que *sim*, sair com você, fazer sexo com você e levá-la a acreditar que vocês dois estão tendo um relacionamento. Mas com o tempo, ele vai largá-la pela mulher de que ele realmente gosta. Então você terá perdido o seu tempo e possivelmente terá seu coração partido. Nunca é demais enfatizar esse ponto: os homens nasceram para convidar!

Então, se você tiver alguma ideia de enviar aquele convite eletrônico para um homem, ou mensagem de texto para convidá-lo e os amigos dele para drinques depois do trabalho, pense duas vezes... e não faça isso! Qualquer energia investida na manipulação dos homens para estarem com você deve ser usada para criar o seu perfil online de paquera e para ir a clubes, bares, festas e eventos de solteiros onde pode conhecer homens que a convidem para sair. Quer goste ou não, ser a convidada e não quem convida é a única maneira que funciona com os homens!

REGRA 5

Não tome a iniciativa de sentar ou se aproximar de um cara, nem comece a paquera

Tomar a iniciativa de falar com um homem, ou de enviar mensagem de texto para ele, é claramente um comportamento agressivo, incompatível com *As regras*, mas talvez você se pergunte se pode sentar ao lado dele na aula, ou ficar ao lado dele em um bar, numa festa, ou paquerá-lo. Sentar ou se posicionar ao lado dele, ir até onde ele está ou flertar com ele por contato visual, "inocentemente", não é relativamente inofensivo? Não! Demonstra muito mais interesse do que você pensa.

Tal comportamento é um modo fútil de fazer com que ele note você. E a mais completa perda de tempo. Lembre que *As regras* tratam de não provocar nada com um cara, porque ele tem de notá-la primeiro, senão você provavelmente vai se machucar. Nas consultas, muitas mulheres nos disseram que não sabiam que tomar a iniciativa da paquera era o cerne do problema delas. Passavam anos falando sobre ele em terapia e nunca entendiam por que ele se comportava mal e depois de um tempo acabava o relacionamento. Nós as ajudamos a ver que era porque elas tinham iniciado o contato. Uma lâmpada se apaga e elas conseguem rastrear o problema até o dia em que conheceram o cara e flertaram com ele!

Se pedir para alguém trocar de lugar com você num trem, para poder ficar ao lado de um cara que você acha bonito, está desperdiçando seu tempo. Jamais saberá se ele trocaria de lugar para sentar ao seu lado, e talvez esteja iniciando um relacionamento que nunca devia ter existido. Um cara sabe, minutos, às vezes segundos depois de entrar em um trem, ou de chegar a uma festa, ao lado de quem quer sentar, com quem deseja conversar, e não precisa de ajuda nenhuma para descobrir isso. Então, mesmo que você sente ao lado dele, ou faça contato visual com ele do outro lado da sala, ele vai atrás da mulher que ele acha bonita, ou que faz o tipo dele.

As mulheres criam situações nas quais possam paquerar sutilmente. Pegam o mesmo produto que ele no mercado, ficam ao lado dele esperando um drinque em um bar, esbarram nele de propósito numa festa apinhada de gente, ou pegam o elevador para descer, em vez de subir. Você pode ficar ao lado dele o dia inteiro na academia, fingindo que está esperando vagar o aparelho elíptico, e pode criar um campo de força em volta dele, que mesmo assim ele vai acabar encontrando a mulher de que gosta, vai até ela, passa uma cantada, pega o número do telefone e até liga para ele mesmo do celular dela para garantir que o número dele fique registrado. Não se dê ao trabalho de tomar qualquer iniciativa. Se vir um cara e gostar dele, espere que ele a procure. Com os homens só funciona assim.

Você pode estar pensando como ele vai saber que você gosta dele se não sentar ao lado dele, se não sorrir ou olhar para ele. Muitas mulheres perguntam sobre técnicas de paquera e outras formas de fazer com que um homem preste atenção nelas. Nós não acreditamos em paquera, nem em olhares diretos, porque isso denuncia de cara o seu interesse. É o oposto de ser um desafio. O cara sabe que está interessada quando você dá o seu número quando ele pede, quando aceita o convite dele para sair. O fato é que os homens não precisam que você dê um tapinha no ombro deles, nem que olhe para o lado onde estão.

Você pode argumentar: "Mas e se ele for tímido? Não posso parar ao lado dele se ele for do tipo mais passivo?" Não! Nós descobrimos que mesmo um homem tímido pede para um amigo comum apresentar "aquela gata ali". Ele aponta para ela e diz: "é aquela", então o amigo apresenta os dois. O cara tímido também pode fingir que gosta dos salgadinhos que estão perto dela numa festa. Ele descobre um jeito de conhecê-la, nem que tenha de dar-lhe uma rasteira para chamar sua atenção!

Além de evitar qualquer tipo de paquera para chamar a atenção dele, você deve fazer exatamente o contrário e fingir que nem sabe que ele existe. Deve olhar para o outro lado, ou ir para o outro lado, porque às vezes é difícil disfarçar o fato de achar que ele é atraente. Pode estar escrito na sua testa. E se ele notar que você fica olhando para ele, saberá que gosta dele. Pode classificá-la de "presa fácil" e perder o interesse.

Nós não estamos inventando isso! Ouvimos inúmeras histórias sobre mulheres que ficaram a noite inteira ao lado de um homem num bar, esperando que ele as notasse. Esse comportamento às vezes leva a um ou dois encontros por misericórdia, mas o homem só envia mensagens de texto para transar, ou para falar de outra mulher que não quer sair com ele, ou que o traiu. Ele deseja a mulher que não fica à disposição! Ficar ao lado dele num bar ou em uma festa invariavelmente transforma você num prêmio de consolação, numa terapeuta que não cobra nada, não numa namorada. Às vezes a paquera leva a um relacionamento mais longo, mas em geral existe algum problema. Problemas como brigas, mal-entendidos ou desentendimentos na intimidade.

Lexi, 26 anos, contou que nunca abordou um homem em um bar, mas perguntou qual era o problema de "parar ao lado dele e ficar dançando ao ritmo da música" para chamar sua atenção. Lexi tinha avistado seu tipo Matt Damon e achado que os movimentos da dança iam chamar a atenção dele. Ficou dançando perto dele cerca de quinze minutos, enquanto ele dava uma espiada no ambiente. Ele acabou olhando para o lado dela e perguntou se ela queria um drinque. Ela aceitou, triunfante. Estava orgulhosa de não ter dirigido a palavra a ele primeiro e certa de que ele estava interessado nela. Ele falou da ex-namorada a noite inteira, depois pediu o telefone dela e disse que enviaria logo uma mensagem de texto. Mas não enviou, e ela queria saber por quê. Explicamos que ele nunca se interessou por ela, desde o início. Que estava entediado. Dissemos para Lexi que dançar perto dele criava uma conversa entre os dois que jamais teria ocorrido se não fosse por este artifício, uma comunicação que elevava a esperança dela e que representava perda de tempo. Ele se dirigiu a ela como quem fala com alguém sentado ao lado num avião, ou na sala de espera de um médico: por pura educação.

Por isso, para evitar essa ideia de que consegue conquistar o coração de um homem invadindo o espaço dele, pense duas vezes. Se precisar ir até a área dele, pode esquecer. Ele tem de notá-la e encontrá-la por iniciativa própria. O homem que gosta de você pergunta se o lugar ao seu lado está ocupado, ou pede para o outro cara mudar de lugar. Ele será muito direto nessa hora, e você não vai precisar ficar imaginando se está interpretando corretamente os sinais dele. Ele sentará ou ficará de pé ao seu lado, finge que vai tomar um café para ficar atrás de você na fila do Starbucks e pegar seu nome e o número de seu telefone. Então pense duas vezes antes de "inocentemente" sentar ao lado de um cara na sala de aula, ou de paquerar um cara num seminário empresarial, ou em um museu. As mulheres que seguem *As regras* esperam que os homens sentem ao lado *delas*, que eles se aproximem. Elas não fazem *nada* acontecer nem perdem tempo. Você também deve se comportar assim.

REGRA 6

Espere pelo menos quatro horas para responder à primeira mensagem de texto de um cara e um mínimo de 30 minutos depois

Agora você deve estar imaginando como e quando responder a um homem que de fato toma a iniciativa de lhe enviar uma mensagem de texto. A pergunta que mais ouvimos das clientes e das leitoras é, de longe, essa: "Acabei de receber um texto de um homem que me interessa. Quando posso responder e o que eu digo? *Por favor, responda o mais depressa possível.*"

Nós todas sabemos, racionalmente, que essa pergunta não é nenhuma emergência. Temos consultas que são realmente urgentes, como encontrar mensagens de outra no celular do cara, ou o namorado sumir depois de uma briga. É óbvio que largamos tudo para atender essas clientes. Mas receber a primeira mensagem de texto de um homem bonito produz um efeito de caso de vida ou morte. Um alarme dispara e cria a sensação de urgência para responder. Vivemos numa sociedade de gratificação imediata, e mensagens de texto são o prato principal.

Todas as mulheres que seguem *As regras* sabem quando ligar para um homem e que devem responder às chamadas dele raramente, *regras* que se aplica até hoje. Mas a tecnologia mudou tanto nos últimos quinze anos que as mensagens de texto nem sempre podem ser tratadas exatamente da mesma maneira. Depois de conversar com nossas filhas e estudar muitas consultas, concluímos quais são as diferenças principais. O homem telefona de novo se não conseguir falar com você, mas a mensagem de texto é mais ou menos como uma ligação que você atende sempre. Nunca é em má hora para nenhum dos dois e jamais é intrusiva. Se você não responder, ele pode ficar sem saber que você está esperando outra mensagem de texto, ou até um telefonema. Pode simplesmente interpretar como rejeição, como se você tivesse dito "não, obrigada". Ou pode achar que você está brincando com ele.

De fato, não responder a uma mensagem, ou levar tempo demais para responder, quando o mundo inteiro vive grudado nos celulares, pode levantar todo tipo de sinal vermelho: ela leu *As regras*? Não está interessada? Ou está apenas fingindo que não se interessa?

Nós queremos evitar todos esses tipos de problemas.

Antes da publicação do nosso primeiro livro, ninguém questionava uma mulher que levava horas, até um ou dois dias, para responder à ligação de um homem, ou que raramente respondia às chamadas dele. Mas nos últimos quinze anos, com a popularidade do nosso livro e sua infiltração na nossa cultura e no nosso dicionário – *As regras* foi mencionado em seriados da televisão, programas de entrevistas e em revistas e jornais –, às vezes os homens ficam desconfiados de que você está fazendo jogo com eles, quando não os responde um certo tempo depois. Isso é mais um motivo para não ignorar mensagens de texto, nem esperar dias para enviar a resposta. Não se faça de *inalcançável*. Não dê motivo para que os homens a considerem grosseira ou difícil depois do primeiro encontro. Entrevistamos homens sobre esse assunto e a maioria disse que receber resposta só horas depois não os demovia de convidá-la para sair, mas que jamais receber resposta seria constrangedor, um possível sinal de que ela não está interessada, ou então de que está usando alguma estratégia de conquista. Como a famosa frase de Oprah no seu programa de TV: "Os homens gostam das mulheres que seguem *As regras*, eles apenas não querem que seja só porque ela leu um livro." Nós não queremos ensinar as mulheres a serem grosseiras com os homens!

Nossa resposta oficial para quando responder a uma primeira mensagem de texto é de esperar entre quatro e 24 horas, dependendo da sua idade. Quatro horas é para as mais jovens, para as que estão estudando e para as mulheres com vinte e poucos anos, que foram criadas com mensagens de texto e facebook. Quanto mais velha você é, maior o tempo que deve esperar. Por exemplo, uma mulher de 30 deve esperar mais, cerca de doze horas, e as de mais de 40 devem deixar passar um dia inteiro para responder.

Mas a questão é um pouco mais complicada do que isso. Se um cara envia mensagem de texto para você pela primeira vez, digamos, às nove ou dez da manhã, você não deve responder quatro horas depois, na hora que estiver na escola ou no trabalho porque, teoricamente, você não verificou suas mensagens o dia inteiro. Por isso deve esperar até bater o ponto e sair, seja qual for a hora que isso acontecer. Se o tempo mínimo que sugerimos coincidir com o meio do seu dia, continue esperando! Lembre que é um *mínimo* e que ninguém pode imaginar que você fica olhando para o seu celular o tempo todo. Nem você pode dar essa impressão.

Se ele toma a iniciativa de enviar a primeira mensagem de texto no final da tarde, digamos às 15 ou 16 horas, você deve responder à noitinha, quando estiver tomando um chope ou jantando com amigos depois do expediente. Pode até esperar até a manhã seguinte – e se chegou tarde em casa depois de um cinema? Nesse caso, estará dando a impressão de que está fora, fazendo alguma coisa divertida à noite, em vez de ociosa, se distraindo com o celular.

Se um homem envia mensagem depois das oito da noite, você não deve responder quatro horas depois, à meia-noite, nem se pertencer a um grupo de mulheres mais jovens. É melhor esperar o dia seguinte para evitar troca de mensagens tarde da noite. Nesse caso, pode escrever de volta a caminho da aula, ou do trabalho, na manhã seguinte.

Esses horários para responder mensagens não se aplicam aos finais de semana, especificamente de seis da tarde de sexta-feira até seis da tarde de domingo. Esse período é uma "zona de apagão". Assim como as companhias aéreas têm esses períodos proibidos, nos quais você não pode usar suas milhas viajadas, as mulheres que seguem *As regras* também têm! Fins de semana são zonas mortas. Você não está disponível, está inatingível, está ocupada, você *sumiu*! Mas não se zangue se ele enviar uma mensagem no sábado. Talvez esteja mal acostumado com mulheres que não seguem *As regras*, que aceitam e até iniciam conversas de texto nos fins de semana. Mas você não é uma delas! Não escreva um sermão para ele perguntando "Por que enviou mensagem no sábado? Por que não me convidou na quarta para sairmos no sábado?". Em vez disso, mostre-lhe com o silêncio, sem responder o fim de semana inteiro, que não está à disposição, para que ele saiba que no futuro precisa fazer planos com antecedência. Pode responder em texto para ele domingo à noite agradecendo, dizendo que gostou da ideia, mas que já tinha compromissos. A *única* exceção a essa regra é se ele já tiver convidado você na quarta-feira para sair no sábado à noite e estiver mandando a mensagem de texto na zona morta só para confirmar seus planos. Fora isso, nunca atenda conversas de texto nos fins de semana.

Mas existe uma exceção nessa espera: se ele precisa da resposta logo porque tem de comprar entradas para um concerto ou algo parecido, com exigência de hora, e quer verificar se você concorda com a data, você pode escrever rapidamente de volta: "Dia 14 às 20h está ótimo, obrigada!" Mas *não* abuse dessa exceção, nem use como oportunidade para iniciar uma conversa mais demorada e desnecessária.

A maioria das mulheres, especialmente aquelas que não sabem que o primeiro encontro é estratégico, respondem às mensagens deles em nanosegundos. Por isso tivemos de criar um horário sensato para as respostas, para ser usado por mulheres de todas as idades, a fim de retardar sua tendência natural de responder rápido demais e escrever mais do que ele escreve. Se o primeiro texto dele é "Oi, aqui é o Steven da outra noite, tudo bem?", as mulheres padrão escrevem de volta em dois segundos. "Que bom saber de você! Estou na minha hora de almoço e indo para a biblioteca para pegar um livro de autoajuda que uma amiga recomendou kkk. Meu carro precisou de uma revisão por isso deixei na oficina esta manhã. De modo que estou a pé hoje. Tudo bem com você?" Essas mulheres estão estragando mais os homens do que nunca. Lembre que é apenas o primeiro texto de um cara que você acabou de conhecer. Ele só escreveu "tudo bem?". Não perguntou a história da sua vida. Se você esperasse quatro horas e desse uma resposta curta, seria perfeito. Nada de mais. Em outras palavras, não interrompa sua aula prática de física, sua aula de ioga ou sua reunião de trabalho para responder ao texto dele. Isso pode esperar! *Ele* pode esperar. Você sente vontade de escrever parágrafos inteiros na mesma hora... para evitar o quê? Que outra mulher envie uma mensagem de texto para ele e o leve embora com sua resposta inteligente e rápida? O mais provável é que ele pense que você está ocupada e/ou com outros homens... E isso seria muito bom.

É importante entender que, para o homem, nem todo texto é um abalo sísmico como é para você. Talvez ele esteja enviando a mensagem enquanto enche o tanque do carro num posto de gasolina. Para os homens, as mensagens de texto podem ser divertidas, como um esporte, ou um videogame. Mas para a mulher, uma mensagem de texto de um homem atraente é muito especial, é como ganhar na loteria. Em meio a outras vinte mensagens de amigas, colegas de trabalho, os pais e a irmã, lá está um texto do homem de quem ela realmente gosta e por isso não pensa em outra coisa.

Antes de ler o nosso livro, ela escreve de volta imediatamente. Antes de completar uma hora de mensagens apressadas para lá e para cá, os dois já sabem mais sobre o outro do que teriam sabido num primeiro encontro. Num intervalo, ela repassa a conversa e disseca o significado. Talvez encaminhe para as amigas para entender exatamente o que ele quer dizer. Ela estuda o texto dele como uma apostila de vestibular, ou as Sagradas Escrituras. Essa mulher sempre acaba num excesso de mensagens que não levam a um encontro, certamente não num sábado à noite, e depois entra em contato conosco, pedindo ajuda. Ela não entende por que seus relacionamentos são casuais ou terminam de repente, apesar do início promissor em que ele enviou primeiro uma mensagem de texto. Ela achava que devia ser disponível, que devia responder às mensagens sem parar para mantê-lo interessado. Isso *não é* verdade! É *por isso* que escrevemos este livro. Pare de tratar os textos como emergências que exigem resposta imediata. Depois de ler este capítulo, responder a uma mensagem de texto em nanossegundos deve parecer encostar a mão no forno quente!

Há uma outra parte crítica nessa *regra*: depois de responder, limite a conversa a quinze minutos, ou a dez mensagens ao todo. Essa estratégia fará com que ele pense no que você está fazendo, cria uma expectativa e força o homem a convidá-la para sair para terem um relacionamento. Tudo isso é bom, então não se sinta culpada de nada!

Brittany, 22 anos de idade, conheceu um cara que a abordou numa festa – início promissor! Pediu o telefone dela e enviou mensagem de texto no dia seguinte. "Oi, gostei de te conhecer ontem à noite. Como está seu dia?" O que ela fez? Quatro horas depois respondeu: "Também gostei de te conhecer! Dia ótimo de trabalho, mas ocupadíssima!" Ela teve vontade de perguntar sobre o dia dele, mas aconselhamos que não o fizesse, lembrando que ela queria que ele a convidasse para sair. Orientamos que fosse animada, mas breve, para evitar uma conversa interminável. Ele escreveu cinco minutos depois: "Você trabalha em quê?" Ela escreveu meia hora depois: "Sou representante de vendas de um laboratório farmacêutico." Três minutos depois, ele respondeu: "Experimenta todas as drogas de graça? haha!" Ela enviou mensagem vinte minutos depois. "Não, kkk." Ele, dois minutos depois: "O que gosta de fazer nas horas de lazer? Que tal pegar um cinema? Está livre sábado à noite?" Ela, meia hora mais tarde: "Estou, seria ótimo." Missão cumprida! Nada de saturação de textos, e essa mulher que segue *As regras* conquistou um primeiro encontro!

Stacey, 24, teve de se esforçar um pouco mais para amarrar o sujeito. Recebeu a mensagem de texto às oito horas da noite de terça-feira do cara que tinha conhecido em um bar. "Muito bom te conhecer ontem à noite. Aquele lugar tem petiscos realmente deliciosos. Tudo bem com você? Algum plano divertido para esse fim de semana?" Primeiro, ela dissecou a mensagem sozinha. Não tinha cem por cento de certeza se ele estava convidando-a para sair ou só jogando conversa fora. Com as perguntas de bate-papo dele, ela ficou preocupada daquilo virar uma conversa longa demais, sem convite para sair. Ela queria responder: "Não, esse fim de semana estou livre. Por quê? O que você vai fazer?" De jeito nenhum! Para começo de conversa, ele não fez um convite direto para sair nem sugeriu uma noite específica, então seria presunção concluir isso. Como o cara enviou essa mensagem depois das sete da noite, ela esperou até a manhã seguinte e escreveu: "Bom te conhecer também. Ainda não tenho nada definido para o fim de semana."

Ele escreveu dois minutos depois: Pensei que podíamos nos ver.

Stacey esperou meia hora e respondeu: Podemos sim, parece ótimo!

Ele escreveu: O que você acha? Quando é melhor para você?

Stacey esperou 20 minutos e respondeu: Você estava pensando em que dia?

Ele respondeu cinco minutos depois: Jantar sábado à noite?

Stacey esperou meia hora dessa vez e escreveu: Tudo bem, está ótimo!

O principal aqui: nunca conclua que ele a convidou para sair e não explicite os seus compromissos. Faça com que ele fale de uma noite específica. E, é claro, não responda imediatamente às mensagens de texto dele. E quando responder, resuma tudo e escreva menos palavras do que ele (veja o esquema a seguir).

Todas as suas respostas, especialmente a primeira, para um homem que você acabou de conhecer, devem conter menos palavras do que o texto que ele lhe escreveu. Por exemplo, se ele escreve "Oi, qual é a boa? Quer sair um dia?", você deve responder "Tudo bem, pode ser". Não escreva "Claro, seria ótimo. Estou atolada de trabalho, mas livre quinta à noite e no fim de semana e conheço um barzinho muito legal". Isso seria excesso de palavras e também ansiedade demais. Por um motivo ou outro, as mulheres conseguem desanimar os homens com sua verborragia. Quando escreve mais do que ele, você vira a parte mais interessada e por isso a "caçadora", porque quanto mais palavras você usa, mais interessada e disponível parece. Menos é mais! Lembre que no início você quer parecer ocupada demais para responder imediatamente, ou para escrever muito, de modo que ele tenha de correr atrás de você.

Quando ajudamos as mulheres com as respostas de mensagens de texto, perguntamos como os dois se conheceram, a idade do casal, se estão realmente saindo ou apenas trocando muitas mensagens, há quanto tempo estão se vendo e qual é a situação atual. Quaisquer que sejam as circunstâncias, a mulher que segue *As regras* não deve enviar resposta em menos de trinta minutos ou três horas, dependendo da idade dela. Esses dois períodos de tempo são mínimos! Mesmo se o cara está escrevendo para confirmar um encontro, você pode esperar uma hora para responder. Lembre que você não vive para enviar mensagens de texto, você tem uma vida!

Tempo para responder mensagens de texto		
Você não tem certeza de quando ou de quanto tempo deve esperar para responder à mensagem de texto de um homem? Não precisa procurar mais! Aqui está nossa tabela com os tempos mínimos para resposta por idade, com explicações detalhadas.		
Idade	Tempo mínimo para resposta	Por quê
18 a 22	30 minutos. Quer realmente prender a atenção dele? Espere uma hora.	Se você tem entre 18 e 22 anos de idade e um relacionamento firme, exclusivo, deve responder depois de meia hora, mas pode trocar mensagens de texto com mais frequência do que com um cara que acabou de conhecer, mesmo assim tem de manter um certo mistério e terminar a conversa primeiro.
23 a 25	Uma hora. Quer realmente prender a atenção dele? Espere duas horas.	Mulheres entre 23 e 25 anos costumam trabalhar fora e morar sozinhas. Têm compromissos reais como reuniões de trabalho, estão indo ou voltando do escritório, contas e aluguel para pagar. Por isso seria totalmente realista levar

(continua)

Idade	Tempo mínimo para resposta	Por quê
		(continuação)
		uma hora para responder ao texto de um homem e não seria nada mau fazê-lo esperar duas horas! Mulheres que seguem *As regras* não podem verificar suas mensagens no meio de uma reunião com um cliente, nem quando estão dirigindo na volta do trabalho para casa. O primeiro caso é inconveniente, o segundo, perigoso.
26 a 30	Duas horas. Quer realmente prender a atenção dele? Espere três horas.	Mulheres entre 26 e 30 anos, além de trabalhar e de ter uma vida social, têm mais responsabilidades do que as recém-formadas. Podem ter uma secretária, uma assistente que precisem supervisionar, fazem coisas importantes como verificar saldos online, ou atingir cotas. Devem também ir a festas, a boates e ter muitos encontros, por isso não podem ficar respondendo a mensagens o dia inteiro.
a partir de 31 anos	Três horas. Quer realmente prender a atenção dele? Espere quatro horas.	A maioria das mulheres com 31 anos de idade ou mais quer casar. Elas têm cargos importantes, outras responsabilidades e interesses como financiamento de casa própria, trabalho voluntário, sobrinhas e sobrinhos, e não têm tempo para responder aos textos de homens que querem apenas conversar por mensagens, sem convidá-las para sair no sábado à noite.

Lembre que esses tempos de resposta não servem para a primeira mensagem de texto que você recebe de um homem. Para essa, o tempo mínimo deve ser *sempre* quatro horas ou mais. Mas quando se engrenam numa conversa por texto, você não precisa se ater rigidamente ao tempo de resposta que corresponde ao seu grupo etário. Seria tempo demais e também previsível demais. Você tem de fazer uma combinação para ele não perceber o que está fazendo e não suspeitar de que você está empregando qualquer tipo de estratégia de conquista. Se tiver 20 anos, depois da primeira resposta, deve escrever de volta em meia hora, cinco minutos para a mensagem seguinte e talvez de dez a vinte minutos para a próxima. Assim, quando ele espera outro texto em vinte minutos, deixe-o de molho por uma hora, para ser sempre imprevisível. Deixe que ele fique checando o celular dele, ansioso! O homem pode ser pego de surpresa na primeira ou segunda vez que você não responde imediatamente, mas se você não responder logo, ele passará a esperar por isso, e saberá que você está ocupada demais fazendo outras coisas e que costuma demorar. Ele inventará desculpas para reclamar que você não responde logo. Dirá: "Você é muito má com o seu celular!"

Quando ele não escreve ou não responde, as mulheres inventam desculpas para ele. "Ele deve estar muito ocupado no trabalho", ou "Deve estar assistindo a uma partida de futebol", ou "O celular dele deve estar sem bateria". Mas se é ela que não responde imediatamente, ela sente que está sendo grosseira, ou fria, ou que está jogando com ele. Você não tem uma vida? Não está ocupada também? Como é que um homem pode provar que você está seguindo *As regras* ou apenas ocupada? Não pode.

Se você tem messenger de Blackberry, imessage ou programa similar, o cara poderá saber se leu o texto dele. Se você não responder em poucos minutos, ele pode se sentir ofendido por

Enviar mensagem de texto x telefonar: uma grande discussão?

Claro que nada é mais desrespeitoso do que terminar um relacionamento via mensagem de texto (e tomara que você nunca passe por isso), mas a mesma regra se aplica a uma mensagem de texto convidando para sair? A ideia de um homem convidar uma mulher para sair por mensagem de texto pode parecer meio juvenil – como aqueles bilhetes que você encontrava no seu armário na escola dizendo "Você gosta de mim?", com dois quadradinhos, de "sim" e de "não" – mas nós achamos que não. Hoje em dia não importa se ele liga, envia mensagem de texto ou até e-mails para convidá-la para sair, desde que convide direito. Especialmente se vocês já estavam se comunicando por mensagens de texto (o que, sejamos francas, temos certeza de que sim), ele não precisa dar um telefonema quando quiser fazer esse convite específico. E não seria meio esquisito se fizesse isso? Quem é que fala ao telefone hoje em dia? A questão é que ele a convidou para sair... Parabéns!

– *Filhas que seguem* As regras

você ter lido o texto e não ter respondido rapidamente. Se você tem esse aplicativo no seu celular, não leia o texto dele até estar pronta para responder.

Sara, fonoaudióloga de 27 anos em Seattle, conheceu um corretor de imóveis muito atraente num bar. Ele iniciou a conversa, pediu o telefone dela, enviou mensagem no dia seguinte, no outro e no outro, mas nunca a convidou para sair. Ela achou que ele estivesse obedecendo *Às regras*, mas não entendia qual era o seu erro, por isso enviou para nós suas conversas.

Ele: Oi, adorei te conhecer ontem. O que acha de Seattle? Bem diferente da Flórida, não é?

Ela: Gosto muito, tem um Starbucks em cada esquina!

Ele: Eu não vou muito a bares, só queria relaxar com amigos, mas aí dei sorte e te conheci.

Ela: Obrigada. Também não sou muito de ir a bares.

Ele: Você é muito linda. Acho que não tem problema para conhecer homens.

Ela: Obrigada, você é gentil. Desculpe, mas tenho de atender uma ligação de trabalho.

Ele: Tudo bem, temos de nos encontrar algum dia...

Ela: Seria ótimo!

No dia seguinte

Ele: Oi, você disse que gostava de sushi. Podemos sair um dia desses para comer sushi.

Ela: Claro!

Ele: Bom saber, ando à procura de uma parceira de sushi. Você também disse ontem que tem uma irmã em Los Angeles. Eu adoro Los Angeles. Esteve por lá recentemente?

Ela: Estive, fui à L.A. e ao Arizona mês passado.

Ele: Legal. O que fez lá?

Ela: Fomos à praia. Meu cliente acabou de chegar... Tenho de ir!

Ele: Ok, tt mais tarde.

Um dia depois

Ele: O que você gosta de fazer quando não está trabalhando?

Ela: Alugo filmes, malho, encontro amigas...

Ele: Assistiu ao último *Missão impossível*? Muito bom.

Ela: Sim! Gosto muito do Tom Cruise, ele é bem divertido.

Ele: Estou atolado aqui. Falando com uns caça-talentos.

Ela: Boa sorte! Meu chefe acabou de chegar...

Ele: OK, vamos combinar qualquer coisa.

Ela: Boa ideia!

O corretor bonitão falou com Sara primeiro, pediu seu telefone e enviou mensagem de texto primeiro, as respostas dela de acordo com *As regras* ficaram dentro dos tempos e sempre mais curtas do que as dele. Apesar disso, esse foi um caso em que a conversa por mensagem escapou ao controle. Dissemos para ela que nessa

altura a única maneira de ele convidá-la para sair seria se ela ignorasse completamente as mensagens dele. Sara ficou chocada.
– Pensei que podia conversar um pouco por mensagem de texto. Ignorá-lo não vai ser grosseria?
Não, não é grosseria, você está apenas ocupada e tem uma vida. Se um homem quer fazer todas essas perguntas sobre Los Angeles e filmes, ele pode fazê-las comendo sushi com você!
Sara aceitou experimentar. Na manhã seguinte, quando o corretor bonitão escreveu "Oi, como está seu dia hoje?", ela não respondeu. Ele enviou mensagem mais tarde, naquela tarde. "Vou me encontrar com um caça-talentos. Deseje-me sorte!" Sara ignorou. Aquela noite ele escreveu: "O que está fazendo?", e ela ignorou de novo. Na manhã seguinte, ele finalmente escreveu: "Oi, desconhecida, vamos sair para comer um sushi este fim de semana?" Ela esperou duas horas e escreveu de volta: "Vamos sim, boa ideia!" Dois minutos depois, ele perguntou: "Que tal sexta à noite, depois do trabalho?" E trinta minutos depois disso, ela escreveu "Perfeito". E foi isso. Eles finalmente tiveram seu primeiro encontro e muitos depois desse.

Quando um homem envia mensagens de texto e não a convida para sair, você tem de dar um corte nele até que ele entenda que você está ocupada demais para ficar apenas enviando mensagens sem parar. Esse plano de deixá-lo na geladeira não é um jogo, mas estabelecer limites é questão de autoestima e de se valorizar. Os homens consomem o seu tempo se você deixar! Muitas mulheres gastam horas ou dias enviando mensagens de texto educadamente para os caras sem parar e acabam sem programa sábado à noite. As que seguem *As regras* não aceitam conversa fiada. Lembre que o objetivo de conversar com um cara via texto é culminar num encontro, ou ter um relacionamento, não ficar de papo o dia inteiro. Mas e se um cara para de escrever para você e nunca te convida para sair porque você não respondeu a todas as suas mensagens de textos? Você fez alguma coisa de errado? Não, ele apenas não era tão louco por você para começar... É um desperdício de tempo. Próximo!

Sabemos que esperar nem sempre é fácil. Na verdade, pode até ficar mais difícil quando se tem um relacionamento e ele conhece os seus horários, ou vê que você responde as mensagens de texto da sua amiga em dois minutos. Quando estiver com ele, sugerimos que deixe o seu celular na bolsa e não fique com ele na mão a noite toda, para ele não pensar que vive grudada no telefone. Não demonstre interesse nenhum no seu celular, nem se anime e dê uma risadinha dizendo "Ai meu Deus, minha melhor amiga acabou de publicar uma foto muito engraçada", quando receber uma mensagem. Se quer fazer parecer plausível que você está muito ocupada, não demonstre obsessão pelo celular.

Não estamos dizendo que você deve ser calculista e falsa, mas se deseja que um homem fique olhando para o celular dele, pensando quando é que você vai escrever para ele, se quer que um cara sonhe com você e pense no que deve estar fazendo quando não está com ele, e se quer que o coração dele bata mais forte enquanto espera sua resposta de texto, então não responda tão depressa. Deixá-lo esperar para saber de você fará com que ele pense *mais* em você, não menos. E não é isso que você quer?

REGRA 7
FCVD: falo com você depois – sempre termine tudo primeiro – saia daí!

No nosso primeiro livro, dissemos para você sempre desligar o telefone primeiro, em menos de dez minutos. Essa mesma regra se aplica a todas as novas formas de comunicação que surgiram desde então, e aos encontros também. Chamamos de "sair daí". Por quê? Para não falar demais, para deixá-lo sempre querendo mais. Lembre que às vezes a psicologia inversa funciona melhor. Se quer mais de um cara, dê-lhe menos. Quanto mais ocupada você parecer, mais curioso e interessado ele ficará.

Todas essas novidades de comunicação – e antigas também – desde ligações pelo telefone convencional até bate-papo em vídeo no computador, às conversas pelo Skype, servem para conquistar um homem pela sua personalidade fascinante e para mostrar que você é muito culta e sagaz, mas também tratam de "sair daí" em dez a quinze minutos de conversa para que ele seja forçado a convidá-la para um encontro, se quiser continuar o relacionamento. Gchat e FaceTime não são encontros!

Algumas mulheres acham que é falta de educação, ou falso, terminar o papo primeiro, mas isso não é uma brincadeira. Fazer isso indica que você tem muitos compromissos e que impõe limites saudáveis. Você está com uma amiga, numa reunião, na academia, em aula, ou com seu clube do livro? Os homens que ficam imaginando aonde você foi são os que mais provavelmente vão enviar novas mensagens de texto e convidá-la para sair, mesmo quando dizem que não acham nada de mais nas mulheres que batem papo aberta e frequentemente.

Se você se preocupa em ser considerada brusca, lembre que os homens não têm problema algum para terminar um bate-papo primeiro. Você pode estar no meio de um grande papo e de repente, bum!, ele diz que precisa ir, que o jogo de futebol acabou de começar, ou que o amigo dele chegou. Não esqueça que os homens podem ser seus adversários. Eles têm o poder de desligar num segundo, nunca mais escrever uma mensagem de texto, ou nunca convidá-la para sair. Você pode se proteger terminando a interação primeiro.

Vamos falar francamente aqui. Não é que você não consiga terminar a conversa primeiro, é que você não quer. Fica tão obcecada com a conversa que é como se estivesse num transe. Sua melhor amiga pode estar sentada ao seu lado, berrando "Pare de enviar mensagens já!", e talvez ela até tente tirar seu celular da sua mão, mas não adianta. Ou talvez você pegue seu telefone de volta e continue a escrever mensagens de texto. Esse tipo de mulher ignora as amigas e a família quando envia mensagens por baixo da mesa em restaurantes, ou pede licença para ir ao banheiro. As amigas e os pais acabam irritados.

As mulheres se convenceram de que irão perder os caras se terminarem a conversa rápido demais. Elas têm medo de que ele perca o interesse e passe para outra se elas cortarem o papo primeiro. É claro que sabemos que a verdade é exatamente o contrário disso. Se um homem gosta da sua aparência, se falou com você primeiro, ligou ou enviou mensagem de texto primeiro, e se você termina as conversas logo, depois de dez ou quinze minutos se comunicando, ele voltará para você, ou a convidará para sair. Se ele *realmente* parar de escrever mensagens para você, não é porque você "saiu daí", é porque ele simplesmente não gosta o bastante de você. Você não vai querer continuar batendo papo com alguém que não tem interesse suficiente para enviar nova mensagem.

Você pode dizer "Minha bateria está acabando", ou "Tenho de atender essa ligação", ou "Preciso estudar", ou "Estou cheia de trabalho", ou "A aula de spin começa em cinco minutos". Você não precisa ter o ponto final perfeito para o bate-papo, qualquer coisa serve! Não há motivo para se sentir mal com isso. Lembre que até terapeutas funcionam pelo relógio e dizem aos pacientes, no meio de um bom choro, "Seu tempo acabou". Então por que você não pode terminar uma conversa casual primeiro? Se não conseguir imaginar alguma coisa criativa, apenas escreva "Desculpe, tenho de ir!", e desligue o celular alguns minutos, para criar espaço e distância – exatamente como dissemos para fazer no nosso primeiro livro, usar um cronômetro para terminar um bate-papo. Se realmente achar que é incapaz de terminar uma conversa sozinha, peça a uma amiga para enviar um lembrete. Se sabe que não pode confiar em si mesma, não responda à mensagem dele. Deixe seu celular na bolsa, no carro, ou em outro cômodo.

    E não espere aquele momento perfeito, nem aquele vazio na conversa, para parar de enviar textos. Quem sabe quando será? Apenas fique ligada no tempo e termine o bate-papo primeiro – "Tenho de ir!" Não corra o risco de ele desligar primeiro. Será você a ficar pensando por que ele teve de ir, e isto a fará criar caraminholas péssimas na cabeça! Se ele terminar a conversa primeiro, você pode se sentir muito insegura sobre o relacionamento e enviar mensagem para ele mais tarde para certificar-se de que está tudo bem. Assim, vai acabar quebrando mais uma *regra*! É como o pozinho mágico: quando não deixa que ele termine a interação primeiro, você joga nele uma espécie de feitiço, que faz com que ele a queira sempre mais.

Dicas para manter a conversa breve. Sempre escreva menos do que ele. Não faça muitas perguntas. Procure responder às perguntas dele em uma frase ou duas, mas de um jeito inteligente. Não apresente muitos assuntos novos, para não iniciar uma onda de textos. Quando quer criar um laço com um homem, ou atrair o interesse dele, a mulher costuma manter a conversa respondendo às perguntas dele com inúmeros detalhes, fazendo perguntas para ele e apresentando muitos assuntos novos. Eis um exemplo do que *não* se deve fazer:

Ele: Oi, como vai?

Ela: Estou estudando, tenho uma prova importante de biologia amanhã. Minha colega de quarto está doente. Bebeu demais no fim de semana. Vomitou no tapete novo do banheiro. Eu disse para ela não passar de um drinque, mas ela nunca me ouve!

Ele: Chato. Quem é seu professor de biologia?

Ela: Rinaldi. É o pior de todos. Minha amiga Jackie está na mesma turma e o detesta também. Você conhece a Jackie?

Ele: Ele é um saco. Tive aula com ele no ano passado.

Ela: Eu sei. Eu devia ter trocado. Foi um erro. Será que você pode me ajudar com o estudo?

Ele: Então imagino que vai ficar acordada até tarde?

Ela: Vou, isso está parecendo uma virada de noite. E você, o que está fazendo?

Ele: Estou em provas, mas tudo tranquilo. Estou mais preocupado com o jogo no sábado. Vamos jogar contra o Boise State Broncos.

Ela: Vou assistir. A que hora começa?

Ele: Três da tarde, no domingo. Tenho de correr para a academia!

Ela: OK, até logo. Te vejo lá então. Que hora é o pré-jogo?

Ela não terminou a conversa primeiro, falou demais e ele nem combinou de vê-la. Que desperdício de tempo! Aqui está um exemplo muito melhor de como um bate-papo por mensagem de texto deve ser:

Ele: Oi, como vai?

Ela (*30 minutos depois*): Estudando.

Ele: É, eu também. Biologia está acabando comigo. Qual é a boa no fim de semana? Quer fazer alguma coisa comigo?

Ela (*10 minutos depois*): Quero, vai ser divertido. Tudo bem, preciso voltar para os livros...

Essa *regra* se aplica não só a ligações, mensagens de texto e todas as outras formas de comunicação instantânea, mas a encontros também. O primeiro encontro para uma mulher que segue *As regras* é de duas horas para um café ou drinques, ou duas horas para um encontro de estudo na biblioteca, nada de caminhadas ou passeios de bicicleta horas a fio, ou programas de dia inteiro na praia. Muita coisa, cedo demais nunca é bom para um relacionamento. Além do mais, é mais fácil terminar um encontro para tomar um café ou beber em duas horas do que interromper um dia na praia. É por isso que educadamente recusamos convites para primeiros encontros que incluam jantar *e* cinema, ou uma ida a um parque de diversões.

O homem costuma atacar forte no início e tenta encaixar uma maratona no primeiro ou segundo encontro, se achar que você vai topar. Mesmo que sugira inicialmente um programa longo assim, ele pode achar que você é fácil demais, que está ansiosa demais, e se cansar no terceiro encontro, se é que terão esse terceiro. Você precisa marcar o ritmo do relacionamento e deixar que ele a conheça aos poucos, para não ter tudo cedo demais e passar para outra.

A sua resposta para o cara que sugere um piquenique no parque, ou beber, jantar e dançar no primeiro encontro deve ser: "Tomar uns drinques está ótimo para mim!" Depois de uma ou duas horas, você pode olhar para o relógio e dizer "Estou me divertindo muito, mas preciso ir agora". Se ele perguntar por que, você diz simplesmente que amanhã será um dia muito ocupado. Não precisa explicar o que vai fazer, não é da conta dele. Se achar que *precisa* dar algum tipo de justificativa, pode dizer que está ocupada na escola ou no trabalho, ou que tem uma consulta bem cedo com seu treinador. Seja o mais misteriosa possível! Se estiver na faculdade e o programa com ele é ir a uma ou duas festas, vá embora antes de ele sugerir. Nunca prolongue uma saída dizendo "Vamos ver o que tem hoje lá na boate G...", ou "Vamos para um outro bar...". E mesmo se for ideia dele esticar a noite, você tem de dizer que não pode. Se não seguir essas *regras* de sair de lá primeiro, não será um desafio. Se ele quer passar mais tempo com você, pode e vai convidá-la para sair de novo.

Uma segunda saída deve ser um jantar de três ou quatro horas. A terceira pode ser jantar e cinema, cerca de cinco horas. A quarta saída pode ser jantar, um show e café depois, umas seis horas ao todo. Mas seja *sempre* a primeira a terminar esses encontros. Trate de sair daí!

É claro que essa regra é provavelmente o contrário do que você quer fazer. Quando conhece um homem e gosta dele, não quer que a conversa, ou o programa, termine! Quer saber tudo sobre ele logo de cara, em que vai se formar, onde trabalha, que tipo de carro ele tem, o time pelo qual torce, o que gosta de fazer nas horas vagas, por que o último relacionamento dele não funcionou, o que ele planeja para os próximos cinco anos, e, acima de tudo, o que sente por você. E você quer contar sua história de vida para ele também. Mas encontros tipo maratona matam *todo* o mistério. Faça com que ele pergunte sobre você. E peça para sair com você de novo... para saber mais!

REGRA 8

Não responda mensagens de texto nem qualquer outra coisa depois da meia-noite

P arte de *As regras* serve para ensinar, em silêncio, aos homens que a respeitem – isso significa estabelecer limites, especialmente em relação a estar acessível. Você não deve atender ligações ou ver mensagens depois da meia-noite, porque está ocupada, ou precisa do seu sono de beleza, ou, sinceramente, não é da conta dele saber por quê! Se um cara quer saber o que você está fazendo, ele precisa sair com você. Descobrimos que as clientes que respondem a qualquer coisa depois da meia-noite estão procurando encrenca. Os caras ligam inevitavelmente a qualquer hora, até uma, duas da madrugada, às vezes bêbados. Mas você é uma mulher que segue *As regras*. Você tem uma vida e não está disponível 24 horas por dia, sete dias da semana!

Olhem só, nós não vivemos na Idade da Pedra. Sabemos que os homens, especialmente universitários e os de vinte e poucos anos, gostam de dormir muito tarde, e que aquelas ligações e mensagens de texto enviadas de madrugada são a regra, não a exceção. Mas você tem de bater o pé e ignorá-las depois de meia-noite senão será enredada numa viagem furada de troca de mensagens de texto.

Quando o relógio bate meia-noite...

Claro que ficamos acordadas até tarde, mas é porque saímos e nos divertimos, ficamos batendo papo com as amigas, ou terminando trabalhos para as aulas de inglês. Um dos nossos amigos confessou que ele e os amigos faziam uma brincadeira de enviar mensagens de texto para meninas diferentes ao mesmo tempo, depois da meia-noite, só para ver quem recebia resposta mais rápido. E depois apostavam para ver quem conseguia ir para a cama com uma primeiro. Eles contavam tudo, literalmente, uns para os outros, e o vencedor ganhava duas cervejas de cada um dos dois perdedores! Nossa... ficamos chocadas! Por isso, depois da meia-noite, ignore! Mesmo se ele for a sua paixão e você estiver totalmente disposta a se contentar com troca de mensagens tarde da noite, lembre que nós avisamos! Além disso, se ele for do tipo sonso, que faria uma coisa dessas, você não vai realmente querer estar com ele, de qualquer maneira.

– *Filhas que seguem* As regras

O fato é que nada de bom acontece depois da meia-noite. Os caras estão só procurando arrumar uma transa, como fazem pessoalmente também. No nosso primeiro livro, dissemos que quando você vai a um bar, uma boate ou uma festa que começa às nove da noite, deve chegar às dez e sair por volta da meia-noite. Mulheres que ficam até depois da meia-noite, duas, quatro horas da madrugada, até o lugar fechar, costumam encontrar bêbados, retardatários e homens que estão atrás de uma transa sem compromisso. O mesmo se aplica a mensagens de texto, ligações, mensagens instantâneas e e-mails depois da meia-noite.

Sabemos que essa *regra* é difícil de seguir porque, graças aos smartphones, os programas são mais casuais hoje em dia. Mas se um cara liga para você depois da meia-noite, não é um programa, é um quebra-galho para sexo. Ele já deve ter enviado mensagens para todas as outras que realmente curte, e você é uma opção extra. Pode ter enviado exatamente o mesmo texto para outras aquela hora! Se for esse o caso, você não está interessada. Uma mulher que segue *As regras* gosta demais dela mesma para ser um quebra-galho sexual ou o último recurso de um homem.

Sabemos que você está sempre com o seu celular, online, ou acessível de outras formas, mas não vai querer que um cara que envia um texto depois da meia-noite *saiba* que você está acessível, por isso não responda. Se escrever de volta uma vez, ele vai achar que pode *sempre* lhe enviar mensagens nas horas mais impróprias. Se você continuar a responder, ele pode achar que você está entediada ou que é uma chata, e vai pensar que você não é nada especial, em vez de alguém cujas noites são repletas de diversão e amigos, e até de alguns outros caras de sorte. Se abrir ou responder os textos dele, pode acabar numa conversa e ele vai tentar convencê-la a se encontrar com ele numa festa, ou a ir para a cama com ele. Você não quer isso, portanto nem se permita cair na tentação. Se *não* responder, a pior coisa que pode acontecer é ele achar que você está dormindo.

Mesmo se você ler o texto no messenger ou no imessage do Blackberry e ele souber disso, e daí? Você não precisa responder a todas as mensagens, especialmente se for muito tarde. Você pode estar estudando para uma prova, ou se preparando para uma importante reunião de trabalho. Não atenda o seu telefone! E saiba que os homens não têm problema nenhum de não responder a uma mensagem tarde da noite, aliás, qualquer mensagem.

Ser uma seguidora de *As regras* não é ser como a Cinderela. Por isso, a próxima vez que você ficar tentada a responder uma mensagem depois da meia-noite, pense no seu vestido se transformando em trapos, na carruagem dourada virando uma abóbora. Ou seja, no seu relacionamento indo a lugar nenhum.

REGRA 9

Raramente escreva no mural dele e outras *regras* para as redes sociais

É compreensível que muitas mulheres se sintam inseguras, sem saber como ser sociais e ao mesmo tempo misteriosas em redes sociais da internet que tornaram cada vez mais difícil, ou quase impossível, bancar a difícil. Afinal, o facebook se resume em ser exatamente um livro aberto. Entre atualizações de status, check-ins em lugares e fotos marcadas, parece que o mundo inteiro sabe o que você está fazendo o tempo todo. Mas a mulher que segue *As regras* é exatamente a que é um desafio e um enigma, e desaparece entre os encontros para o cara não saber o que está fazendo cada minuto em que não está com ele. A premissa do facebook é conectar as pessoas e a premissa de *As regras* é ser indefinida. Facebook é como um enorme playground de adultos, sem limites, enquanto *As regras* tratam de exercitar o autocontrole. Então, como você pode estar no facebook e ser uma mulher que segue *As regras* ao mesmo tempo?

As dicas neste capítulo tratam exatamente desse dilema dificílimo. *As regras* para facebook, e outras redes sociais, são essencialmente a mesma coisa que *As regras* para bares, festas e outras situações na vida real. Você continuará sendo misteriosa e deixará que eles a persigam! Menos é sempre mais no seu perfil, fotos, capas, o que curtiu, comentários e bate-papos. Mas entenda que *sempre* haverá um meio de quebrar as *regras*, seja tornando-se amiga de um cara no facebook, curtindo as fotos dele, iniciando um bate-papo tarde da noite, ou ficando amiga dos amigos dele. Mas quando você entender que tais atos na verdade são recursos para dar o primeiro passo e criar um relacionamento sem *regras*, verá a sabedoria de se controlar. Nós dividimos em algumas *regras* fáceis de seguir.

- **Nunca tome a iniciativa de solicitar amizade de um cara de que você gosta.** Ficar amiga de alguém de quem você realmente gosta no facebook é exatamente como tomar a iniciativa de falar com ele primeiro. Ele saberá que você se interessa por ele e o desafio deixará de existir. Solicitar amizade de um homem é o contrário das *regras*, é ser o agressor, é dar o primeiro passo, é tentar entrar no mundo dele. A única exceção é ficar amiga de caras com quem tem apenas amizade mesmo... Aqueles caras por quem você não se interessa nem *um pouco*.

- **Espere de 24 a 48 horas para confirmar a solicitação de amizade de um cara de quem você gosta.** Não confirme em nanossegundos, assim que recebe a notificação no seu iPhone, como faria com uma amiga. Deixe que ele pense que você está ocupada e andando por aí (coisa que devia mesmo fazer, mas falaremos mais tarde sobre isso). Você talvez pense que não devia aceitar o pedido de amizade de um cara com quem está saindo para evitar que ele saiba demais sobre você. Achamos que tal coisa é extrema, na verdade uma interpretação errada de

As regras. Você não está tentando ser uma mulher *impossível* de conhecer, só difícil! Ignorar um pedido de amizade é como dizer não para um primeiro convite. Para ele, significa que não há esperança nenhuma, não mostra que você está aberta a ser perseguida. Além do mais, pode ser difícil conseguir isso, especialmente se você for jovem! Se tiver sido criada no facebook, tudo e todos que você conhece têm um mural ou página por lá, e o cara pode não entender por que você não aceita a solicitação dele de amizade. Lembre que não queremos ensiná-la a ignorar a tecnologia, em vez disso queremos ajudá-la a ser convidada para sair e a ser misteriosa *com* a tecnologia. Você sempre pode restringir certos itens para que ele não veja, nas suas configurações de privacidade.

- **Raramente escreva no mural dele – e isso inclui curtir e marcar.** Escrever no mural dele é como anunciar para o mundo que você gosta dele. Você poderia muito bem dizer: "Ele é meu, ele é meu!" Fica óbvio demais, como se você quisesse que todos na vida dele, especialmente outras mulheres, soubessem que ele está saindo com você e já tem dona. Por que não pegar um enorme cartaz e botar o seu nome com o dele dentro de um coração? Não faça publicidade nem invente drama. Além disso, ele saberia que você pensou nele e que ficou xeretando o perfil dele.

Há *algum* momento em que se pode escrever no mural dele? Claro que sim! Você pode desejar feliz aniversário, ou parabenizá-lo por ter passado no exame da ordem, ou por ter conseguido uma promoção. Mas só deve escrever "Feliz aniversário! Ótimo dia para você!", ou "Parabéns!". Nada escandaloso como "Feliz aniversário para o cara mais quente e mais maravilhoso do mundo. Eu te amo demais!!!!!". Escreva sempre pouco e não use mais do que dois ou três pontos de exclamação. Não vai querer que pensem que é tiete superentusiasmada. Nada muda porque vocês estão se comunicando na internet. É sempre a mesma coisa: raramente responder e quase nunca tomar a iniciativa de fazer contato.

Quando sair com ele ou falar ao telefone, não fale da página dele no facebook como se tivesse analisado tudo lá (mesmo se analisou) e não diga coisas como "Lembro que você disse que gostava de *Entourage*. Você viu a primeira temporada?", nem diga qualquer coisa inspirada no facebook, como "Vi suas novas fotos no facebook. Muito engraçado o que seu amigo escreveu", ou "Sua fantasia de Dia das Bruxas ficou hilariante". É assédio de facebook falar do mural dele.

Não esqueça que qualquer coisa que faça em relação a ele no facebook, seja curtir, comentar ou marcá-lo numa foto, será equivalente a tomar a iniciativa. Não tente se enfiar no mundo dele. Mas se tiver um relacionamento mesmo, pode de vez em quando responder uma publicação dele no mural dele, ou publicar um vídeo do qual os dois acharam graça quando estavam juntos. Mas mesmo assim, *raramente*!

- **Nem sempre responda quando ele publicar no seu mural.** Mas se responder, espere pelo menos de meia hora a algumas horas, dependendo da sua idade, como explicamos na nossa tabela de tempo para responder nas páginas 84-85. O fato é que mensagem de texto, mensagem do facebook e publicações são a mesma coisa. Lembre-se de sempre fazer menos e de escrever menos. Se ele escrever uma piada, você pode comentar "haha". Se ele comenta numa foto sua "foto maravilhosa", você não precisa escrever nada, mas se quiser muito, basta "curtir" o comentário. Se ele reclama que você não responde muito, pode dizer para ele simplesmente que não entra muito no facebook, ou que viu rapidamente no seu celular e esqueceu de responder depois.

- **Compartilhe o mínimo possível.** Ele não deve ter ideia do que você faz quando não está com ele e com quem você está fazendo o quê. Atualizações constantes de status acabam com todo o mistério necessário para manter a atração de um relacionamento. Com todos escrevendo para todos a cada cinco segundos hoje em dia, a vida se transformou em um livro aberto. Se você quer ser uma seguidora de *As regras*, não publique o seu status inteiro todos os dias. Uma ou duas vezes por semana já é muito, e quase nunca nos fins de semana (de sexta-feira às 18 horas até domingo às 18 horas). O fim de semana é uma zona morta.

Um dos maiores erros que as mulheres que estão saindo com alguém cometem é ficar publicando sem parar atualizações sem graça de status. Estão "assistindo a Friday Night Lights e adorando Tim Riggins", ou "me preparando para reunião importante com o chefe", ou "encontro com colega de faculdade no Friday's" e assim por diante. Não há nada de excitante ou de misterioso numa lista de afazeres. Não precisa contar para o mundo, inclusive para paqueras em potencial e namorados, a sua rotina diária. Sem tantas atualizações, ele pode imaginar que você está fazendo coisas interessantes nos intervalos das suas saídas, como ir a festas e estar com outros caras. Para que estragar isso com relatos em status a cada hora? Lembre que sua vida é muito ocupada e fabulosa, de qualquer maneira você não tem tempo para ficar publicando todas essas atualizações!

Além disso, evite escrever citações sobre a vida, nada muito introspectivo, nem negativo, como "tudo se paga nesta vida", ou "carma é uma droga". Vai parecer que você está magoada, ou que tem lido muitos livros de autoajuda. Não escreva "entediadíssima", ou "será que esse dia não podia ser mais comprido?" porque vai mostrar que nada acontece com você! Não diga que está doente, nem use uma cara aborrecida, nem conte histórias de acidente de carro, ou de fila de desempregados. Pode fazer referência a eventos como festas sociais, da irmandade na faculdade, ou de trabalho, mas não diga onde, ou quando, ou se você vai comparecer. Pode fazer piadas pessoais com amigos, mas limite suas publicações a três frases.

E também escreva o mínimo de informação possível no seu perfil em categorias como educação, trabalho, opções curtir e interesses. Você está ocupada demais para escrever parágrafos sobre você. É o tipo de informação que pode comentar quando sair com os caras.

Infelizmente há mulheres demais que estão saindo com alguém e usam as redes sociais como terapia de grupo. Um homem que veja o seu mural vai desanimar rapidamente com tanta informação e não achará você fascinante nem misteriosa. Ele acabou de conhecê-la e agora já sabe que você detesta o seu emprego, conhece seus outros pensamentos e sentimentos privados. O cara vai fugir disso! Desnudar a sua alma e exibir seus altos e baixos diários num fórum público é arriscado e chega mesmo a ser perigoso. Aliás, você convida as pessoas para lerem o seu diário?

- **Não publique fotos feias** – de você com algodão-doce grudado no rosto, ou com uma toalha enrolada na cabeça e máscara de lama. Não publique essas fotos e desmarque qualquer outra foto que outros publicaram de você de calça de moletom comendo pizza no apartamento de uma amiga. Essas fotos podem trazer lembranças divertidas, ou fazer você rir, mas pense só como parecem fora de contexto para um cara que acabou de conhecer. Fazem você parecer esquisita ou sem graça? Você quer parecer a mais atraente possível no facebook. Nem é preciso dizer que se achar que não está maravilhosa numa foto, vai desmarcá-la. Certamente não quer que *ninguém* veja isso, nem o cara bonito nem ninguém! Também não publique qualquer foto de quando esteve bebendo (você segurando um copo de plástico vermelho numa festa na faculdade) e desmarque todas as fotos de você bebendo ou parecendo bêbada. Não é legal!

Se outra pessoa publicar uma foto, não seja você aquela que vai marcar o cara com quem está saindo. Deixe que ele marque você para que seja *ele* a divulgar o relacionamento de vocês. Marcar um cara com quem está saindo é só uma maneira sorrateira de contar para os outros que está com ele. É o mesmo que segurar a mão dele numa festa, ou pôr o braço no ombro dele – parece que você está se esforçando demais, e ele pode ficar constrangido.

E mais uma coisa: não exagere com as legendas das fotos. Fica parecendo que tem tempo demais para botar uma história em cada foto. Você está ocupada *vivendo* essas coisas, não exibindo no facebook!

- **Não inicie o bate-papo no facebook.** Tudo bem aceitar bater papo, mas espere pelo menos quatro horas para responder se for o primeiro bate-papo com um cara novo. Porque o facebook salva o papo, então você pode simplesmente responder como mensagem no dia seguinte. Se ele já iniciou a conversa no bate-papo antes, então espere pelo menos de trinta minutos a três horas, dependendo da sua idade (veja de novo a tabela de tempo nas páginas 84-85). Ele não deve ter sua resposta imediata. Nenhum homem valoriza qualquer coisa que venha fácil demais, ou rápido demais. Eles têm acesso a você em qualquer meio, em segundos, e depois perdem o interesse.

  Quanto às mensagens de texto, depois de dez ou quinze minutos de conversa, você deve terminar. Se ele disser "oi, o que rola?", você pode dizer "oi". Deixe que ele inicie os assuntos, escreva menos do que ele e saia do papo primeiro. Se um cara convida você para sair pelo facebook, pode aceitar, desde que seja na quarta-feira, para vocês saírem no sábado, ou com três dias de antecedência para um programa em dia de semana.

- **Tenha cuidado com o seu status de relacionamento.** Se não está saindo com ninguém, não registre "solteira" no status. Ninguém tem nada a ver com isso. Para que fazer propaganda? Apague a opção de status de relacionamento. É melhor deixar sem status porque você não quer mostrar tanto interesse assim nesse assunto de relacionamentos. Além disso, se o seu status mudar de "em um relacionamento" para "solteira", suas centenas de amigos receberão essa notificação e você pode ficar sem graça. Se estiver saindo com alguém, não publique que está "em um relacionamento" antes dele, nem use uma foto de vocês dois no seu perfil antes que ele faça isso. Achamos que você não deve publicar que está "em um relacionamento" de jeito nenhum, a menos que ele puxe o assunto, ou insista para que você faça isso. Se você tomar a iniciativa de qualquer uma dessas coisas, pode parecer que se importa demais com isso. Pode também atrair todas as mulheres invejosas que vão querer sabotar o seu relacionamento. As ex-namoradas dele podem ver que ele está feliz com você e passarem a tentar estragar tudo escrevendo no mural dele ou marcando em fotos. Tudo isso pode ser evitado se você mantiver o mistério sempre. Mas se for demais para você, então desative o seu perfil. O facebook não define você.

- **Não tome a iniciativa de solicitar amizade dos amigos dele nem da família.** O facebook e outras redes sociais deram acesso com muita facilidade a todos que ele conhece. Não use esses sites como desculpa para invadir o mundo dele. (Vamos elaborar isso melhor na *Regra 17* – Não seja a primeira a apresentar o cara para alguém.) É muito agressivo e pode assustá-lo a ponto de fugir. Ele pode ficar desanimado com tanta informação sobre você também. É como se você mesma se convidasse para um piquenique com a família dele, ou para o casamento da irmã dele. Os amigos e a família dele é que devem solicitar a sua amizade.

- Deixe de ser amiga ou bloqueie algum ex se ele terminar o relacionamento, dependendo de como terminou. Se ver o seu ex-namorado online ou ter qualquer contato com ele é doloroso demais para você, bloqueie para se proteger. Alguns caras querem ficar amigos no facebook, mas nós não somos adeptas de manter essa conexão com um cara que partiu seu coração, porque é doloroso demais, lhe dá falsas esperanças e desperdiça seu tempo quando devia seguir em frente. Bloqueá-lo vai evitar que você veja as atividades dele no seu feed de notícias se vocês ainda tiverem amigos comuns no facebook e também evitará que veja as fotos dele (possivelmente com outra mulher), e qualquer outra informação que ele abra para o público e possa incomodá-la. Se o relacionamento acabou mal, ele pode botar coisas no mural dele para irritá-la, ou mudar a foto dele do perfil para uma dele com uma mulher que tenha sido pivô de um drama, o que também será doloroso. Para evitar ver tudo isso, bloqueie, simplesmente. Talvez seja bom também desmarcar quaisquer fotos de vocês dois.

Procure resistir à vontade de dar uma espiada no mural dele por intermédio de amigos comuns. É claro que você é humana e ficará curiosa para saber o que ele anda fazendo, mas só vai se sentir pior se visitar o mural dele. Será como procurar sites de celebridades no Google quando você estiver de conjunto de moletom, sem maquiagem e se esbaldando com meio quilo de sorvete. Quem precisa disso? Você realmente precisa ver que ele saiu de barco com uma loura bonita uma semana depois que vocês terminaram no seu aniversário? Achamos que não. Bloquear é a essência do próximo! Com o facebook, todos agora ficaram como as celebridades, com finais de namoro públicos e o sofrimento e a humilhação de todos verem o drama do seu relacionamento exibido como se fosse a capa de uma revista.

Algumas podem argumentar que bloquear mostra raiva ou ressentimento demais, mas nós achamos que é melhor tirar um ex da sua vida do que se preocupar com o que ele e outras pessoas pensam. Mas se foi *você* que terminou com ele e não se importa de continuarem amigos no facebook, tudo bem para nós.

Amy, 31, que quebrou tantas regras com o namorado que ele acabou lhe dando o fora, nos procurou pedindo conselhos sobre o facebook. Orientamos que ela desfizesse a amizade e bloqueasse seu ex imediatamente, que parasse de espiar o mural dele cinco vezes por dia na esperança de obter informação sobre com quem ele estava e o que estava fazendo. Dissemos a ela que seguisse adiante pondo uma foto sua mais charmosa no perfil no lugar da cara gaiata que tinha, e que escrevesse menos sobre suas atividades diárias para ficar mais excitante e misteriosa. Antes de se consultar conosco, ela não achava nada de mais escrever muitas atualizações sobre os detalhes mais simplórios dos seus dias, inclusive "indo para a ioga", ou "está chovendo muito...", ou "alguém tem alguma receita boa de sorvete de chocolate" e/ou reclamar sobre o último relacionamento ("odeio homens!"). Dissemos que removesse todas essas publicações negativas e tristes.

Um mês depois Amy nos enviou um e-mail feliz para dizer que o irmão mais velho de uma colega do colégio, Matt, tinha solicitado sua amizade no facebook. Dissemos que ela esperasse 48 horas, em vez dos seus costumeiros cinco minutos, para aceitar a solicitação. Logo depois ele enviou uma mensagem para ela: "Você é muito bonita! Obrigado por me adicionar. Podemos beber uns drinques juntos terça à noite?" Dissemos que ela esperasse quatro horas e depois enviasse mensagem para ele: "Uns drinques seriam ótimos." Ela seguiu *As regras* ao pé da letra, terminou o encontro deles depois de uma ou duas horas em vez das costumeiras quatro ou cinco.

Matt enviou mensagem de texto para Amy no dia seguinte, no sábado à tarde, falou de saírem de novo na segunda à noite. Dissemos a ela que não respondesse naquele dia, nem durante o fim de semana, porque toda comunicação para uma mulher que segue *As regras* deve ser interrompida nos fins de semana, que são uma zona morta. Ela esperou até domingo à noite e recusou o convite educadamente, determinada a esperar o convite para sábado à noite. Ele enviou mensagem de texto para ela dez minutos depois. "Estou completamente livre. Que tal quinta, sexta ou sábado à noite?" Seguindo as *regras* de tempo para responder às mensagens de acordo com a idade (veja nas páginas 84-85), aconselhamos que ela respondesse três horas depois: "Sábado à noite está ótimo!"

Não respondendo tão rápido às mensagens dele, Amy evitou uma série de interações que teriam feito com que ela parecesse acessível demais e não tão especial assim. Em vez disso, ela mostrou que não era um livro aberto no facebook e que desaparecia entre os encontros deles, o que deixava Matt mais interessado, achando que estava saindo com uma mulher que ele realmente tinha de conquistar.

Depois de seis encontros em sábados consecutivos, Matt pediu Amy em namoro. Ela aceitou, mas não mudou seu status de relacionamento, nem pediu que ele mudasse o dele. Dissemos a ela que não escrevesse no mural dele, nem perguntasse sobre suas amigas no facebook. Ela concordou, mas quis saber se podia publicar uma foto deles dois numa festa da empresa como foto do perfil, já que agora estavam namorando firme. Orientamos que não fizesse isso porque seria um recado de possessividade para o mundo. Mesmo tendo sido ele a iniciar o relacionamento, publicar uma exibição daquelas do namoro deles talvez o sufocasse. Além disso, se eles terminassem, ela teria de tirar a foto, o que seria embaraçoso e geraria uma série de perguntas, por isso era melhor esperar até ele botar fotos dos dois ou mudar seu status para "em um relacionamento sério". Melhor ainda, ela podia até esperar para botar uma foto do noivado dos dois, ou fazer isso quando estivesse adicionando o sobrenome dele ao seu de solteira.

Amy confessou que não estava acostumada a ser tão passiva num relacionamento, mas concordou que quanto menos agressiva e possessiva era, mais Matt corria atrás. Ela também descobriu que se envolver pouco com *o relacionamento* e não publicar nada sobre ele fazia com que ela tivesse mais tempo para as amigas, a família, a carreira e seus passatempos. Quando chegou o aniversário de dois anos de namoro, seu relacionamento mais longo e o melhor de todos, Matt a surpreendeu com uma aliança.

As redes sociais são uma ótima maneira de ficar em dia com os amigos e a par de tudo, mas podem estragar um relacionamento romântico se usadas para desnudar tudo e ser fonte de contato frequente com homens, e mesmo com namorados. Então deixe os homens imaginando o que você anda fazendo, com quem, onde, quando... Não seja um livro aberto no facebook!

REGRA 10

Fique longe do perfil dele no facebook

Facebook pode ser visto como um blog de celebridades: quem terminou com quem e onde, que casal está dando um tempo, tudo muito dramático. A rede de fofocas se atualiza com a velocidade do seu feed de notícias hoje em dia e pode ser demais para você! Às vezes é excesso de informação. Facebook e outras redes sociais são grandes válvulas de escape social, mas podem provocar muita confusão e desentendimentos, ou mal-entendidos. O que você vê, especialmente no perfil de um homem, não é sempre o que está acontecendo com ele.

Entendemos que quando você gosta de um cara, queira saber tudo sobre ele. Quer passar na frente do prédio da fraternidade dele na faculdade, ou do seu escritório, quer ver como é a ex-namorada dele, quer ler seu perfil no Linkedin, suas mensagens no twitter e qualquer outra coisa que dê pistas e tenha revelações sobre a personalidade dele. Você quer ver tudo que ele já publicou ou que foi publicado sobre ele online. Você quer espioná-lo!

Ao fazer isso, no entanto, você pode ver coisas ruins, como mulheres escrevendo no mural dele, ou marcando o nome dele em fotos. Pode ficar sabendo de uma festa para a qual não foi convidada, ou ver o que ele fez sexta à noite e não contou a você. O que foi aquela história de banheira aquecida no evento de *snowboarding*? Por que passou o braço na cintura daquela mulher naquela foto? Nós compreendemos que é desagradável ler e ver esse tipo de coisas, que não significam que ele esteja traindo você, nem que você precise se preocupar. Há mulheres que não seguem *As regras*, que abraçam os caras para tirar fotos, ou que procuram fazer parecer que existe algo mais acontecendo e não existe. Elas não têm uma vida e querem encontrar seus quinze minutos de fama no facebook – não dê isso para elas! Não acredite em tudo que vê ou lê. Às vezes uma mulher perversa publica uma foto do seu amado com ela só para provocar. Não entre em crise. Metade dessas coisas não é o que você pensa!

Finja que você nasceu em uma outra era, quando tudo que sabia de um homem era como ele tratava você, não o que pudesse ver no facebook. Você não escreveria no mural dele e menos ainda se viciaria em ler o que tem escrito lá. Sabemos que você vai espiar o perfil dele, mas aqui está o segredo: certifique-se de não citá-lo quando estiver com ele. Jamais fale do mural dele no facebook, e menos ainda diga algo como "Vi que a Chelsea fez amizade com você", ou "Imagino que teve um dia muito ocupado esquiando". Vai parecer que você está espionando mesmo.

Brooke, no primeiro ano da faculdade, escreveu para nós para dizer que estava preocupada porque seu namorado, que fazia medicina em outra universidade, estava transando com outra porque ela tinha visto fotos dele esquiando com outras meninas no facebook. Era um relacionamento de acordo com *As regras* e estavam firmes, por isso não achamos que ela devia se preocupar com nada. Dissemos a Brooke que não puxasse o assunto com

Facebook que deu errado

Encolha-se embaixo do cobertor e aperte o seu ursinho de pelúcia porque é hora de uma história de horror no facebook da vida real. O futuro parecia brilhar para Jordan e Laura. Depois de saírem algumas semanas, Jordan tornou oficial o relacionamento deles no facebook e até escolheu uma linda foto dos dois para usar no seu perfil. Então de repente houve uma reviravolta para pior. Começou aos poucos, Laura escrevia um carinhoso "Bom-dia!" todos os dias no mural de Jordan. Mas em pouco tempo tinha entupido o mural dele com mensagens amorosas, vídeos de músicas românticas que encontrava no YouTube. Amigos de Jordan o provocaram sem dó sobre isso e até publicaram comentários ultrapiegas no mural dele, debochando claramente de Laura. Depois de um tempo, foi demais para Jordan e ele resolveu terminar... Via facebook. Como se Laura já não estivesse bastante envergonhada, dúzias de amigos de Jordan no facebook "curtiram" o fim do namoro deles! Laura não devia ter tornado tão público o que sentia por Jordan. Os homens também sabem ser piegas, só que não em doses tão altas e não à vista de todos os que conhecem.

— Filhas que seguem As regras

ele. Alguns dias depois, ele disse que estava cansado de não poder vê-la e comprou uma passagem para o fim de semana. Alguns homens simplesmente têm amigas mulheres! Você tem de se basear nos atos de um homem, não no que é publicado no mural dele. Há um monte de mulheres más por aí, que marcam um homem em fotos e escrevem "me diverti muito ontem à noite", ou "oi, belezura" no mural dele, só para criar problemas. Você tem de ficar fora dessa bobagem e não basear seu relacionamento em atualizações de status.

REGRA 11
Não envie e-mail antes dele e escreva pouco (nada de e-books)!

Grande parte das regras que se aplicam às mensagens de texto serve também para os e-mails. Nunca seja a primeira a mandar um e-mail para um homem e quando mandar, que seja leve e curto, e espere sempre para enviar como resposta. Mas, diferentemente das mensagens de texto, que são, por necessidade, curtas e diretas ao ponto, os e-mails podem ser muito mais perigosos. Esse meio se presta a dissertações longas, feito páginas de diário. Algumas mulheres são famosas por tirarem vantagem da tela em branco... Conseguem escrever um e-book inteiro de uma vez e assustam os caras para sempre. Soubemos de algumas que enviam para os homens trechos de suas poesias preferidas, passagens de um romance que estão lendo, testes de personalidade para descobrir se são introvertidos ou extrovertidos, links de artigos que valem a pena ler, questionários sobre relacionamento da revista *Cosmopolitan*, vídeos do YouTube, aquelas cartas de correntes que a pessoa tem de encaminhar para dez amigos ou mais, muito mais... e muito pior! Nada disso faz parte de *Regra* nenhuma!

Essa forma de comunicação é ótima para melhores amigas, mas é o beijo da morte para um cara com quem você está saindo, especialmente nos primeiros meses. Mesmo que ele faça uma pergunta aberta, tipo como vão as coisas no trabalho, trate como uma mensagem de texto. Escreva apenas "semana muito produtiva!". É informação em excesso contar para ele que a sua assistente acabou de pedir demissão, que por isso você está sobrecarregada de trabalho e que a data final do seu projeto foi adiada por mais três dias e que tem certeza de que está com síndrome do túnel do carpo de tanto digitar. (Hum, quem sabe deva maneirar nos e-mails longos se seus pulsos doem tanto assim!)

Nós entendemos essa tentação de escrever muito. Ficar ao telefone ou no laptop o tempo todo, coisa que muitas de nós fazemos, facilita esse tipo de desabafo, especialmente num dia em que o trabalho está mais lento, numa parada no Starbucks, ou em trânsito num aeroporto. Mas conte para as suas amigas o que está acontecendo, não para sua paixão, nem para o cara com quem está saindo. E-mails muito longos e/ou frequentes são muito desestimulantes. Poucos homens se dispõem a ler parágrafo após parágrafo com os sentimentos, ideias, desejos ou carências de uma mulher. Ele pode se sentir obrigado a interromper o que estiver fazendo, estudo, trabalho, um programa com os amigos, um jogo a que está assistindo, para responder. Você não vai querer que um cara se sinta obrigado a fazer qualquer coisa dessas. Além disso, esse tipo de e-mail deixará claro que você é o *contrário* de ocupada e está gastando seu tempo livre pensando nele!

Falamos com dezenas de homens que disseram que receber e-mails longos e frequentes de mulheres pode ser bem irritante. É como uma partida ruim e arrastada de pingue-pongue, com tanto bate-rebate... "Eu não conseguia fazer mais nada quando estava saindo com uma fã de e-mail. Ela escrevia o dia inteiro",

Para que enviar e-mail, afinal?

Muita coisa mudou desde que Tom Hanks e Meg Ryan se apaixonaram via e-mail em 1998 no filme *Mensagem para você*. Hoje em dia enviar e-mail para o cara de quem você gosta é um nível de constrangimento que você não precisa enfrentar. O e-mail até serve para se atualizar com um namorado que vive longe, entre sessões de Skype, mas nenhuma mulher deve paquerar um potencial de futuro se utilizando de um apelido que termina com "ponto com". Para a chance mínima de que sua paixão resolva lhe enviar um e-mail, você pode responder sim, mas seguindo *As regras* quanto a quando escrever de volta e ao tamanho da sua mensagem. Se ele perguntar como você está, resista à vontade de atualizá-lo sobre cada aspecto insignificante da sua vida, apesar da tela em branco implorar para você digitar palavras e mais palavras. Mas, antes disso, talvez você deva se perguntar por que esse cara não envia uma mensagem de texto no celular, ou usa o facebook como todo mundo.

– *Filhas que seguem* As regras

disse um deles. Depois, ele contou que conheceu uma mulher que segue *As regras*, que não enviou e-mail para ele primeiro e que demorou metade de um dia para responder. "Achei revigorante. Eu não quero me comunicar com a minha namorada o dia inteiro. Quero fazer o meu trabalho e mesmo assim continuar com o relacionamento. Será que é pedir muito?"

Não, não é! Meninas, ouçam o que os caras dizem, não sejam as primeiras a enviar e-mail, nem enviem muitos! Como ocorre com qualquer outra forma de comunicação, e-mail mal usado é agressivo e intrusivo, por isso não o envie, por mais interessantes que sejam as coisas que você tenha vontade de compartilhar, seja um clipe do YouTube de uma música nova e ótima, ou o cardápio daquele restaurante novo italiano que você quer experimentar. Esses e-mails são pedidos óbvios de atenção ("Pense em mim! Lembre de mim!") e de iniciativa na paquera – nada que uma mulher que segue *As regras* deve fazer, jamais! Mulheres que seguem *As regras* não precisam pedir atenção, elas obtêm isso naturalmente se ocupando e ficando ocupadas demais para enviar e-mails para os homens.

Além de não ser a primeira a enviar e-mail, você tem de esperar pelo menos quatro horas para responder ao primeiro e-mail dele e qualquer coisa entre meia hora e três horas para responder aos seguintes, como faz com as mensagens de texto (releia a *Regra 6*). Os fins de semana (de sexta-feira às 18 horas até as 18 horas de domingo) continuam sendo zona morta, já que você quer dar aos caras a impressão de que está badalando por aí e não sentada diante do seu computador. A única situação em que pode responder a um e-mail no fim de semana é se for para *marcar* hora. Por exemplo, se vocês já marcaram um encontro e ele quer pegar você às 19 horas, em vez de 20, para levá-la a um bar de karaokê antes do jantar e quer saber se você concorda. Você pode esperar meia hora e escrever algo simples como "Tudo bem". Não esqueça que vocês podem conversar quando estiverem juntos!

Com clientes que procuram namorados online, sugerimos que mantenham curtas, leves e soltas as respostas aos e-mails dos homens. Não importa se no e-mail ele conta a história da vida dele inteira, inclusive o que aconteceu nos três últimos relacionamentos que teve e suas preferências políticas e religiosas, porque pode até ser uma carta padrão que ele enviou para outras trinta mulheres, que não fala nada específico sobre você ou sobre qualquer pessoa. Responda só assim "Oi, você parece interessante". Quando ele convidá-la para sair, vocês podem conversar ao vivo sobre todos os interesses dele e sua história de vida.

Se um homem que você conheceu online, ou por intermédio de uma amiga, está tentando marcar um primeiro encontro, mas vive mudando a data ou o programa, responda escrevendo bem pouco, já que não vai querer estimular esse desperdício de tempo. Tivemos uma cliente que recebeu um e-mail de um homem que não conhecia explicando por que ele precisava remarcar o primeiro encontro para drinques que tinham combinado. "Desculpe ter de adiar nosso primeiro encontro. Acabei de chegar de Los Angeles em viagem de negócios. Peço desculpas mais uma vez, mas certamente vou marcar logo." Ela queria responder assim, cinco minutos depois. "Bem-vindo de volta de Los Angeles. Como estava o tempo lá? Entendo perfeitamente. Vamos marcar alguma coisa sim, depois do feriado de Páscoa." Era demais! Dissemos para ela escrever de novo três dias depois (não um dia só, porque ele já tinha cancelado antes): "Tudo bem!"

O e-mail que exige a resposta mais resumida é o e-mail de fim de namoro. Se ele ousar terminar seu relacionamento desse modo cruel, escreva só isso de volta: "Fique tranquilo!" Não desabafe que está magoada, que não sabia que isso ia acontecer, que ele errou, que você errou, ou que os dois erraram. Qualquer cara que termine um relacionamento por e-mail não quer, nem merece, um comentário sobre o assunto. Próximo!

E-mails têm suas vantagens e utilidades devidas. É menos pessoal do que um telefonema, o que pode funcionar a seu favor. Se um homem com quem você está saindo deixa uma mensagem no seu celular, responda para ele por e-mail. Não encorajamos uma ligação, porque você pode encontrá-lo numa hora ruim, enquanto que os e-mails nunca são invasivos. Além do mais, a conversa é sempre melhor quando ele liga para você, porque aí você sabe que ele está a fim de conversar. Então dizemos para as clientes que escrevam apenas isso: "Oi, estou só respondendo à sua mensagem. Estou muito ocupada hoje!", e deixe que ele ligue de novo. Lembre que você quer e-mails e ligações que produzam encontros, não mais e-mails!

REGRA 12

Torne-se invisível e outras maneiras de escapar de mensagens instantâneas

Aim, Gchat, Ichat, bate-papo no facebook... Mensagens instantâneas dificultam muito seguir *As regras*. Como é que você pode fazer com que um homem espere para vê-la, ou até para falar com você, de modo que dê valor a isso, se você está literalmente sempre disponível online para conversar? As mensagens instantâneas são como dar de cara com ele no corredor da faculdade, ou numa esquina, ou ao lado do bebedor no trabalho e ficar batendo papo com ele uma hora. Quão difícil você pode ser se o cara consegue bater papo e saber que você está acessível naquele segundo? Você não tem algum lugar para ir, nada para fazer? Será que não pode fingir que tem?

Mesmo se não tiver nada para fazer, não pode deixar um homem saber disso, respondendo à mensagem dele em nanossegundos. Como acontece com todas as outras formas de comunicação, o cara tem de esperar para saber de você. Para o homem ficar intrigado, curioso, tem de haver um pouco de bungee jump para ele. Não estrague isso respondendo à mensagem na mesma hora e ficando de papo por uma hora ou mais!

Sabemos que os homens são insistentes quando gostam de você e querem saber tudo sobre você. Eles gostam de pegá-la online e de entrar no seu mural do facebook. Disparam perguntas como se você fosse um desses programas de perguntas e respostas. É como um interrogatório: "Oi, tudo bem? Como foi seu fim de semana?" Dez minutos depois, quando você diz que tem de correr: "Por que tem de sair agora? Para onde vai? Para que a pressa? Pensei que sua ginástica com o treinador fosse às três da tarde. São só duas. O que está acontecendo? Não te vejo mais no Gchat. Você está me bloqueando? O que está acontecendo? É tão difícil falar com você..." Dar tempo para um homem na internet nem sempre leva a encontros reais. As mulheres estão se atualizando quanto a essa desculpa esfarrapada de paquera.

Lynnie, 25 anos, vendedora de programas de computador, disse que está cansada de bater papo com um cara online por uma hora ou mais, sente intimidade e depois não acontece nada. Às vezes você tem sorte e o cara a convida para sair, mas ele também tenta monopolizar o seu tempo com mensagens instantâneas frequentes, o que torna difícil seguir a regra de não bater papo com ele 24 horas por dia, sete dias da semana. Mas se você estiver eletronicamente disponível demais para ele, cedo demais, ele pode acabar se aborrecendo.

O problema é que todas nós estamos disponíveis o tempo todo. Mas você não pode deixar que ele a veja online o tempo todo! Se você responder a todos os bate-papos, não será mais a misteriosa mulher difícil que está ocupada saindo com outros caras. Em vez disso, será a mulher que fica grudada no computador. Mas como evitar que ele saiba que você está acessível, quando você *está* realmente sentada diante do seu PC, ou com o seu laptop nas aulas o dia inteiro, ou fazendo pesquisa online à noite?

Mensagens de status e despedidas

Você já deve ter percebido a essa altura que não precisa estar cara a cara com um homem, nem conversando com ele, para enviar o recado errado. Mesmo se não está no meio de um papo de mensagem instantânea, seu recado de despedida e/ou seu status continuam funcionando contra você. Qualquer mulher devia estar careca de saber que não pode publicar uma letra angustiada de música de Taylor Swift como parte das suas mensagens instantâneas, mas nem toda mulher percebe o que atende aos requisitos de uma boa mensagem de despedida. Resposta bem curta: nada. Simplesmente saia, feche a página! Não há necessidade nenhuma de ficar online só para anunciar que não está no computador. A mesma *regra* básica se aplica aos status do Gchat e do iChat: não escreva nenhum! Se quiser usar seu status para divulgar uma lista de contribuições que anda fazendo, ou um evento da sua irmandade de vez em quando, ninguém achará nada de mais. Mas resista à vontade de atualizar suas ideias e sentimentos mais recentes. Isso só contribui para a imagem de alguém que fica a vida inteira grudada nos bate-papos e mensagens. E você deve ser um pouco misteriosa. Dê aos homens da sua lista a impressão de que tem coisa melhor para fazer na vida, seja isso verdade ou não. Se eles ficarem imaginando onde você está e o que está fazendo, quem sabe? Podem enviar um texto para saber.

— *Filhas que seguem* As regras

Um modo de fazer isso é ficar "invisível". Assim não vai aparecer na lista de bate-papo dele, nem na de ninguém. Se vir alguém com quem queira conversar (sua mãe, ou sua melhor amiga), pode ligar o aplicativo sem que ninguém a incomode. Outra opção é deixar seu status em "ocupada", ou "ausente". Isso vai aparecer na lista de bate-papo dele, e, assim, ele não fará contato com você, nem lhe dará um motivo automático para não responder, se fizer. Mas não seja óbvia demais mudando seu status depois que ele já enviou mensagem para você. Em algumas formas de mensagens instantâneas, também podemos bloqueá-lo nas configurações de privacidade. Mas cuidado que ele pode pedir para outra pessoa verificar se você está online, ou até criar outro apelido para descobrir se você realmente está se escondendo dele de propósito. Use esse método com cuidado!

Se você sabe que não consegue resistir às tentações, deve simplesmente fechar o bate-papo. Saia do programa, ou desligue o Gchat, ou o bate-papo do facebook. Você pode estar nesses sites sem que ninguém saiba e sem estar tão prontamente acessível. Se ele tentar bater papo quando você estiver offline (ou pelo menos *parecendo* estar offline), a mensagem instantânea se transformará em mensagem normal ou e-mail, que você poderá responder mais tarde, de acordo com a tabela de tempo de resposta.

Mas se não quiser, ou não puder fazer essas coisas, então terá de sair daí. Pode aprender a terminar rapidamente um papo, em dez minutos ou menos. Quando orientamos que as mulheres façam isto, elas ficam chocadas. Argumentam que é grosseiro e que sempre são educadas demais para cortar o papo com um homem em dez minutos. E se o cara estiver no meio de uma mensagem realmente importante? Concluímos, invariavelmente, que essas mulheres são do tipo que agrada a todos e que também têm dificuldade para desligar o telefone com amigos de bate-papo, até de dizer não em geral. Dizemos a elas que "boazinha" é doar para caridade ou ajudar em um asilo, mas que ficar num bate-papo por mensagens durante uma hora é querer agradar a todos e ser capacho. É melhor sair de repente do que deixar que o cara te leve no papo e não a convide para sair! Aqui estão alguns bons finais de conversa para evitar longos bate-papos instantâneos:

"Tenho de ir!" – E desligue antes do cara ter a chance de perguntar aonde você vai e o que está fazendo. Não é da conta dele. Se ele quiser saber tudo a seu respeito, que envie um e-mail ou ligue para marcar um encontro. Bate-papo em mensagem instantânea não é programa!

"Minha aula de pilates começa daqui a pouco – tenho de me arrumar."

"Desculpe, preciso atender essa chamada..."

"Vou encontrar uma amiga para tomar um café... e já estou atrasada!"

"Minha conexão está esquisita."

"O programa pediu para eu desconectar!"

"Meu chefe está precisando de mim."

Você entendeu! Diga qualquer coisa e simplesmente desligue. Lembre que você tem uma vida – escola, trabalho, amigos, hobbies, academia e, com sorte, encontros – por isso, realmente não tem mais de dez minutos para bater papo. Ligue um alarme se precisar. Se o homem tem tanta coisa para dizer e tanto o que perguntar a você, ele pode fazer isso pessoalmente, num encontro.

REGRA 13

Não fale demais nas primeiras semanas

Muitas vezes as mulheres se sentem insultadas quando dizemos a elas que não falem demais nos primeiros encontros, nem em mensagens de texto, nem em lugar nenhum. Elas protestam: "Mas como é que ele vai me conhecer? Como vai saber que sou inteligente ou divertida? E o mais importante, como é que vamos ficar mais íntimos?" E, com toda a tecnologia de ponta à disposição, elas têm muito mais meios de conversar com os caras e quebrar as regras como nunca! Nossa resposta é sempre a mesma: *vá devagar!* Na primeira semana, o novo cara só deve saber de alguns fatos sobre você, por exemplo, onde você estuda, ou trabalha, e o que gosta de fazer na hora do lazer. Conforme o relacionamento for progredindo, pode contar um pouco mais de você para ele, algumas coisas sobre a sua família e seus amigos. Ele deve perguntar muita coisa para fazer você falar, e não se mostrar entediado com longas histórias. Dar informação demais demonstra que você está ansiosa ou nervosa, e que talvez não tenha saído muito com outros caras ultimamente!

Se você quiser criar laços com um homem, fale e escreva menos, ria e ouça mais. Quanto menos você disser, mais ele vai se abrir e ficará imaginando o que você está pensando. Todo mundo adora um bom ouvinte. Além disso, os homens estão acostumados a ter os ouvidos alugados pelas mulheres! Ele terá uma surpresa agradável quando vir que você não é maratonista de bate-papo ou de mensagens de texto, nem viciada em facebook... Seja lá qual for a sua idade!

A melhor maneira de garantir que você não vai compartilhar demais é manter os encontros bem breves – veja a *Regra 7*. Se sair numa maratona de programas (para beber, mais drinques em outro bar, jantar, sobremesa, cinema, festa, boate), terá mais chance de contar toda a história da sua vida. Outra forma de evitar falar demais é não beber, ou tomar apenas um drinque alcoólico. Quando tomar dois ou mais e começar a ficar altinha, provavelmente vai falar (e fazer) mais do que devia e criar situações constrangedoras para você mesma, mas vamos tratar disso na *Regra 21*.

Talvez você pense que estamos pedindo para ser superficial, mas qualquer coisa é melhor do que desnudar sua alma. Muitas mulheres cometem o erro de revelar coisas demais, logo no início, como se o encontro fosse uma sessão de terapia, achando que essas revelações vão unir mais o casal. Mas no começo, o homem ainda nem é nosso amigo. Enquanto vocês não estiverem se encontrando regularmente, alguns meses, e ele não tiver dito que gosta muito de você, e só de você, sua infância e emoções mais profundas não são da conta dele. Mesmo assim, guarde as revelações tipo diário para você mesma, ou para suas amigas!

Quando vocês dois interagirem, seja por mensagem de texto, encontros, ou de outra forma, há muito que evitar também. Não mencione palavras como "amor", "casamento", "noivado", nem "filhos". Não diga para ele que acabou de assistir a *The Note-*

book pela décima quinta vez. Não conte nem escreva em mensagem que sua irmã gêmea vai se casar e que você está procurando um par para a cerimônia. Não envie mensagem para ele dizendo que sua outra irmã está grávida de uma menina e que você mal pode esperar para ter uma sobrinha. Não diga no bate-papo do facebook que seu irmão caçula está numa clínica de reabilitação e que você estará ocupada no próximo fim de semana, que é dia de visita com a família. Não conte nem escreva para ele que seus pais se divorciaram quando você tinha 5 anos de idade e que você não fala muito com seu pai nem quase o vê, que ele largou sua mãe por uma mulher mais jovem. Não diga nem envie mensagem para ele contando que ainda está pagando seu financiamento da faculdade e que mal consegue pagar suas despesas, por isso não pode dividir a conta. De mais a mais, outro motivo de não poder dividir a conta é que você é uma mulher que segue *As regras* e para ele é um prazer sair com você e pagar a conta! Mais sobre isso depois. Encontros não são fóruns abertos. O mesmo se aplica a usar informações do facebook dele para ter assunto nos encontros. Fazer isso vai incluir você na categoria das espiãs de redes sociais, como dissemos na *Regra 9*.

Não conte a ele nada que deponha contra você em qualquer âmbito da sua vida, por exemplo, que foi reprovada em física, ou que seus pais moveram os pauzinhos para arrumar um emprego para você. Não conte tampouco que teve uma briga com sua companheira de quarto e precisou ir dormir em outro lugar. Não estamos sugerindo que minta e diga que estudou em Harvard, se não estudou lá, mas não precisa dar de bandeja as coisas ruins. Não é da conta dele.

Não compartilhe nenhum trauma de infância nem diga que faz terapia, ou que tem um conselheiro de vida. Em outras palavras, não se aprofunde muito nem cedo demais. Essa intensidade assusta o homem no início do relacionamento.

Não comente com ele seus antigos relacionamentos, o que deu errado e o que procura agora. Não conte para ele quando, nem como perdeu sua virgindade, nem que seu ex traiu você, ou qualquer coisa negativa sobre sua vida amorosa. Algumas mulheres acham que namorar é o soro da verdade e contam em mensagem de texto ou no facebook que não namoram nem fazem sexo há três anos. Informação demais! Dissemos para não falar muito nos encontros, mas não dissemos que é para não raciocinar! Se puser sua vida pessoal na mesa, especialmente por escrito, não poderá mais voltar atrás.

E também não preencha os vazios na conversa. Preencher os silêncios cheira a desespero e mostra que você está se esforçando demais. Fazer piadas ou tentar entretê-lo com histórias engraçadas e anedotas prova interesse demais. Você não vai querer que ele saiba o quanto se importa com ele, nem pense que é a palhaça, em vez da mulher intrigante. Lembre que às vezes, quando existe um silêncio, é porque ele está pensando que você fica linda quando a franja cai nos olhos, ou até imaginando como você ficaria nua.

No início, o homem pode dar a impressão de que adora conversar, enviar muitos e-mails e mensagens de texto também. Pode aceitar bate-papos de três horas no Skype, maratonas de mensagens de texto e bate-papos no facebook que duram até tarde da noite, e você vai se convencer de que esse cara é diferente dos outros, que ele realmente gosta de um papo. Mas é engano seu. Um dia ele largará você, vai bloqueá-la no facebook e você não terá ideia do porquê. Mas nós sabemos. Você interagiu ou falou demais nas primeiras semanas!

Allie, 23 anos, recém-formada em estudos do Oriente Médio, conheceu Ori, um belo residente israelense, numa oficina de estudo. Ele falou com ela primeiro, e em questão de poucas semanas, o relacionamento dos dois se tornou veloz e furioso. Ficaram conversando muitas noites até duas da madrugada, sobre política e ciência. Ficavam horas também em cafés e o sexo era maravilhoso. Depois de dois meses juntos, ele disse "Vamos manter contato" e até sugeriu que ela fosse visitá-lo de novo nas férias de inverno. Allie interpretou essa súbita união como amor. Por isso, no voo de volta para Boston, não pensou duas vezes e passou a enviar mensagens de texto, e-mails e a entrar em bate-papos com ele no facebook.

Allie pensou: "Isso é ótimo. Posso conversar com ele quando quiser, sobre qualquer assunto. Talvez um dia me mude para Israel." Eles se falavam horas pelo Skype e trocavam e-mails longos e carinhosos. Ele perguntou qual era a flor predileta dela, escreviam poesias um para o outro, e ela enviava por e-mail artigos e textos amorosos que abria com "feliz segunda-feira!". Ela até enviou um convite eletrônico para ele, para a festa do seu aniversário, e quando ele disse que não podia comparecer, ela disse: "Tudo bem, ponho você em contato com o FaceTime." Ela escreveu no mural dele: "Você me faz feliz!"

Duas semanas depois de Allie voltar, Ori começou a responder cada vez menos às mensagens. Então, um dia, Allie perdeu o contato com ele de vez. Ouvia a caixa postal toda vez que ligava. Ele não respondia aos e-mails. Ela não o encontrava no facebook e ficou preocupada. Achou que ele talvez tivesse fechado a conta, mas então ligou para sua melhor amiga a fim de verificar e descobriu que o perfil dele continuava ativo. Ele a tinha bloqueado! Allie estava chocada quando ligou para nós. Não podia acreditar que o que tinha sido uma alma gêmea para ela era só mais um caso para ele. Dissemos que se ela não tivesse falado tanto com ele através de tantas tecnologias, teria descoberto mais cedo que ele não estava tão interessado assim. Ou se tivesse seguido *As regras* e desaparecido, que ele a procuraria mais. Quando você fica meio distante no começo, com um homem que demonstra gostar de você, ele começa a acelerar: "Oi, tudo bem com você? Tudo bem conosco? O que tem feito? O que vai fazer nas férias de inverno? Eu tenho duas semanas de folga e muitas milhas de viagens."

Qual é a lição aqui? Paqueras rápidas demais quase nunca funcionam. Dissemos para Allie o que dizemos para todas as nossas clientes: quando encontrar a sua alma gêmea, ocupe-se muito entre os encontros e mantenha a conversa leve e arejada. Se o cara diz "Qual o seu prato preferido?", você pode dizer "Sushi, e o seu?", para ser educada e saber mais sobre ele. Mas não faça nenhuma pergunta mais séria, como "Por que você e sua ex-namorada terminaram?", ou "Quais são seus planos depois da faculdade?". Fica claro demais que você gosta dele e que quer saber do passado e do futuro e onde pode se encaixar.

Menos é sempre mais com os homens! Você pode falar e escrever tudo para suas amigas, seu terapeuta, seu conselheiro de vida, até para uma colega de trabalho ou uma desconhecida na academia, mas não pode falar, escrever, tuitar, enviar e-mail nem interagir demais com um homem de jeito nenhum, sem sobrecarregá-lo e possivelmente afastá-lo. Se quer que um homem sinta sua falta e corra atrás de você, desapareça entre os encontros!

REGRA 14

Não saia ou esteja com ele 24/7

O simples ato de estar junto tornou-se mais popular nos últimos anos, já que também faz parte da nossa cultura cada vez mais casual e descompromissada. Um casal pode se comunicar por mensagens de texto um tempo, então resolver se encontrar no mesmo bar, ou numa festa uma hora depois, só para bater papo e beber. Na próxima saída, eles fazem a mesma coisa, ou se encontram num bar e depois vão para a cama juntos. Isso pode durar semanas, meses ou anos. Talvez eles nunca saiam para jantar, nem se tornem namorados. Esse tipo de não namoro casual é muito comum entre os universitários.

Encontros assim podem ser bons para mulheres que realmente não se importam de ter relacionamentos sérios, mas não valem para mulheres que seguem *As regras*. As mulheres de *As regras* recebem convites para sair com dias de antecedência. Encontros em bares exigem pouco ou nenhum esforço por parte do homem, e por isso é um zero – não se sinta lisonjeada com isso. Se ele sempre envia mensagem de texto às seis da tarde, "Quer sair mais tarde?", você tem de começar a responder "Sinto muito, mas já tenho compromisso", mesmo que não tenha nenhum e até goste dele realmente. Aliás, especialmente se gostar dele! Você tem de se segurar para um convite de verdade para sair, ou pelo menos *um* projeto disso.

Você deve estar pensando que essa *regra* é falsa, que é apenas um jogo, mas ela diz respeito realmente a ter uma vida, a se ocupar e botar a barra tão alto que o cara a respeite. Se você aceitar encontrá-lo num bar dali a poucas horas, será a mulher da última hora, não aquela para quem ele faz reserva em um restaurante. Lembre que o homem vai sempre tentar se fazer com o menor esforço quando puder. Pode tentar ver você quando está entediado, ou quando seus planos iniciais falharam. Não seja o seu plano B. Você deve mostrar silenciosamente ao cara que ele precisa batalhar para ter você, dizendo não para programas de última hora.

Jackie, no primeiro ano da faculdade, disse que no meio do pessoal que sempre se encontrava em bares e depois dormia junto havia uma menina do último ano no dormitório dela que sempre recusava convites casuais ou de última hora. Agora ela é a única mulher da turma que tem namorado! Jackie escreveu para nós: "Ela tinha alguma coisa que fazia com que ele a levasse para ótimos programas." Exatamente! *As regras!*

Outra maneira de dar a ideia errada para o homem é vê-lo demais, especialmente nos primeiros meses. A maioria dos homens vem com tudo no início. Quando gostam de você, querem vê-la todos os dias se você deixar, porque quanto mais virem, mais depressa vão conhecê-la e talvez o sexo chegue mais rápido também. Mas se você aceitar estar com ele todos os dias, ele acabará entediado e começará a pedir espaço. Dirá coisas assim "Não estou procurando nada sério agora", ou "Estou cheio de trabalho", e vai cancelar o encontro com você, mesmo tendo sido ideia dele o tempo todo. Ele pode começar a convidar outras mulheres para sair porque você deixou de ser um desafio. Já vimos essa cena muitas vezes. A familiaridade gera o desprezo, enquanto a ausência faz aumentar a paixão. Não se deixe seduzir pelos homens que querem vê-la o tempo todo, ou que se zangam quando você diz não. Se ele realmente quiser vê-la sete dias por semana, terá de pedi-la em casamento!

Mas existe uma parte mais complicada nisso. Embora seja ele que a convida para sair, você não pode esperar que ele estabeleça o ritmo do relacionamento. Quem faz isso tem de ser você. Para tanto, é preciso dizer não para paixões avassaladoras. Esses relacionamentos começam em alta velocidade e furiosos e acabam do mesmo jeito, como um desastre de trem. É só olhar para Hollywood: quantos casais nós vimos que se apaixonaram no estúdio, ou numa festa, tornaram-se inseparáveis e terminaram poucos meses depois? Ver um homem todos os dias nos primeiros três meses é a mais pura loucura, seja você atriz de cinema, ou garçonete. Uma estrela que segue *As regras* estaria ocupada demais com outros testes e amigos iniciantes para aceitar programas 24 horas por dia e sete dias por semana, por isso o homem sentirá saudade, o oposto da familiaridade que prenuncia o tédio. Lembre que menos é mais com os homens. De mais a mais, não há como saber como o cara *realmente* é em tão pouco tempo.

Estabelecer o ritmo do relacionamento significa vê-lo uma ou duas vezes por semana no primeiro mês e não mais do que três ou quatro vezes por semana quando tiverem um namoro sério, um relacionamento exclusivo, que ele deverá levar para o nível seguinte com uma aliança! Nós sabemos que esse autocontrole é difícil, porque quando saímos com um cara de quem gostamos de verdade, queremos vê-lo o máximo possível. Queremos saber tudo sobre ele, estar próximas dele física e emocionalmente. Talvez você sinta vontade de cancelar compromissos com amigas, parar de ir à academia, faltar aos grupos de estudo, ou tirar uma folga no trabalho só para estar com ele. A última coisa que vai querer lhe dizer é que não pode sair com ele, principalmente se não se interessou por ninguém ultimamente. *Mas é preciso que diga!* Dê-lhe a impressão de que sua vida é movimentada, que já existia antes dele e que continua existindo agora. Você nunca deve dar tanta importância a um homem assim. Ele é parte da sua vida, não é sua vida inteira. Você deve continuar a ser amiga, aluna, funcionária, filha, irmã, o que quer que fosse antes de conhecê-lo. Aliás, você não vai marcar encontro em um bar de qualquer maneira! Quantos encontros você pode planejar em uma semana? Limitar o número de vezes que o vê, mesmo não tendo mais nada para fazer, além de ser bom para o relacionamento, é bom para você também. Vai forçá-la a inventar coisas boas para fazer, como entrar para um grupo de leitura, ou começar a jogar boliche, golfe, ou tênis.

Rachel, 26 anos, estava se formando quando conheceu o futuro namorado numa festa. Achou que era muito lindo e quase desmaiou quando ele a convidou para sair. Mas ela estava num programa de aperfeiçoamento de duas semanas e não pôde vê-lo imediatamente. No passado, Rachel tinha dado mais importância aos homens do que aos estudos e se arrependeu disso. Ficou com medo de que ele passasse para outra, mas mesmo assim disse que estava ocupada nas duas semanas seguintes. Ele disse:

"Você deve ter muitos compromissos. Não esqueça de mim!" Ela apenas riu, não confirmou nem negou. Ele ligou para ela exatamente duas semanas depois. E até hoje provoca Rachel por tê-lo feito esperar tanto tempo!

A história de Rachel prova que, quando você diz não para os homens, eles não acham que é falta de educação, nem que você está mentindo ou que se trata de um jogo. Eles acham que você é muito popular e que está ocupada com outros homens! Dar informação de graça ("Estou fazendo a minha dissertação e não posso sair com você agora") cedo demais também não é necessário nem elogioso. Quando o homem gosta de você e você é um desafio, a imaginação dele é sempre mais interessante do que o que você possa estar realmente fazendo!

Agora digamos que você e o cara com quem está saindo estudem na mesma universidade, ou morem no mesmo prédio, ou trabalhem na mesma empresa. Como você vai manter o mistério e se afastar se podem se encontrar o tempo *todo*? Sugerimos que experimente evitá-lo de vez em quando. Faça um caminho diferente para as salas de aula, ou vá para um outro café. Se vocês sempre se esbarram na lavanderia às 11:30, passe a ir às 10:45. Saia uma noite com as amigas, ou fique em casa para estudar. Crie o máximo de paquera e de estruturas possíveis para o relacionamento. A universidade é intrinsecamente um ambiente casual, por isso você pode até fingir que frequenta várias, para ter vida própria.

Juliana, 29 anos, nos enviou um e-mail recentemente, dizendo que o cara com quem está saindo há três meses está louco por ela e que deve isso a essa *regra*. Eles se conheceram num site

Programas em grupo valem a pena?

Encontrar alguém em um bar pode não ser ideal para a mulher que está querendo arrumar um namorado, mas sair em grupo geralmente compõe pelo menos a metade da vida social de qualquer universitário. Se você está com amigos num sofá na sala do dormitório, assistindo a um filme, ou se saíram para um bar próximo, não pode controlar se a sua paixão aparece e se junta ao grupo. Ficar o tempo todo inventando desculpas para sair dali pode custar alguns amigos (e possivelmente até atrair comentários sobre problemas sérios de ir tanto ao banheiro). Em situações como essa, é melhor ficar onde está e agir com naturalidade. Cuide para não olhar fixo para ele nem virar para onde ele está. Não vai querer passar a imagem de uma desesperada, ou pior, da obcecada. Divirta-se como se ele não estivesse ali, converse, ria com seus amigos. Você deve parecer a mulher mais legal na sala, aquela que ele vai querer abordar e paquerar. Se e quando ele fizer isso, deixe progredir naturalmente a partir daí. Se ele ainda não a convidou para sair, um programa de grupo pode até ser a oportunidade perfeita para fincar os alicerces de algo a mais. E daí não levará muito tempo para vocês dois deixarem o grupo e passarem um tempo a sós.

– *Filhas que seguem* As regras

de relacionamento chamado Match.com e, depois de trocarem três e-mails, ele a convidou para tomar uns drinques. Eles se acertaram muito bem e no dia seguinte ele enviou uma mensagem de texto para ela: "Oi, linda, será que posso te convidar para jantar hoje à noite ou qualquer outra noite esta semana?" Juliana estava desempregada, não tinha absolutamente nada para fazer naquela noite, ou em nenhuma outra noite naquela semana. Mas estava decidida a seguir *As regras* e disse que estaria ocupadíssima a semana toda. Então ele convidou Juliana para sair no sábado seguinte à noite, e ela aceitou. Depois do terceiro programa consecutivo sábado à noite, ele perguntou: "É cedo demais para um namoro sério? Não quero dividi-la com mais ninguém." Como Juliana tinha deixado de sair com ele muitas vezes, ele imaginava que ela estivesse saindo com outros e pediu exclusividade. Hoje quando a apresenta aos amigos, ele ainda diz: "Foi essa a garota que eu contei que não queria me ver."

Conversamos com casais casados há décadas. Os maridos que parecem mais apaixonados pelas mulheres não esquecem que elas recusaram encontros e vê-los com mais frequência, de propósito ou por acaso. Steven lembra que paquerou sua futura mulher, Alice, na festa de um amigo comum e que ela não tinha tempo para ele. Verdade seja dita, Alice tinha se divorciado recentemente e estava encabuladíssima de começar a namorar de novo. Também tinha ouvido dizer que ele era namorador, então quando ele se aproximou, ela foi logo dizendo que era divorciada e que tinha um filho pequeno, para ele não fazê-la desperdiçar seu tempo. Ele disse "Achei que podíamos nos encontrar num bar um dia desses". Ela respondeu "Eu não me encontro em bares". Ele disse "Então aceite que eu a leve para jantar". Ela aceitou. Ele a pediu em casamento depois de um ano e os dois acabaram de comemorar o trigésimo aniversário. Alice não estava exatamente seguindo *As regras* (naquela época nem existia o livro), foi apenas cautelosa. É claro que sua cautela transformou um fanfarrão em um marido e pai dedicado. "Para falar a verdade, eu não consegui me livrar dele!", ela disse.

Lembre que paquera não é casual.

REGRA 15
Deixe que ele sugira o skype e que a procure mais num relacionamento de longa distância

Hoje em dia você pode ter um relacionamento de longa distância e literalmente nunca ter encontrado ao vivo o seu namorado. Agora temos muitas formas de conversar por vídeo: Skype, ooVoo, FaceTime e provavelmente muitos outros meios que ainda nem tinham sido inventados quando este livro foi para a gráfica. Mas vídeo chat não constrói um relacionamento! Skype e FaceTime são telefonemas incrementados, *não* são encontros. O cara não está levando você para jantar fora, na verdade não está fazendo nada. O esforço dele é quase nulo. Não se sinta lisonjeada quando ele diz que quer conversar por vídeo horas, todos os dias. Ele pode estar só entediado ou solitário. A menos que venha ver você, de avião, trem ou de carro, semana sim, semana não, ou tem uma namorada, ou simplesmente não está tão interessado assim em você. Se for uma situação que envolve um semestre no exterior, ou se vocês dois vivem em países diferentes, é outra história. Mas leiam mais sobre isso no que escreveram nossas filhas!

Se você está confusa e não tem certeza se está em um relacionamento de longa distância que segue *As regras*, finja que vive

Estudar em outro país

Para mulheres universitárias, estudar fora dá uma incrementada no relacionamento padrão de longa distância, e o resultado é que surge um conjunto bem específico de *regras*. Diferentemente de outros relacionamentos de longa distância, os relacionamentos de estudo no exterior têm um final não muito distante à vista, são geralmente separações de um semestre ou um verão. Pode ser difícil deixar seu namorado para trás, ou se ele parte para passar alguns meses em algum lugar exótico, especialmente se o destino dele tem fama de local romântico e de belezas morenas de olhos escuros. Mas nessas situações, a melhor maneira de manter o seu namorado é deixá-lo de lado um pouco.

É comum que alguns homens sugiram um tempo no relacionamento quando um ou os dois estiverem fora explorando outro país, então não entre em pânico se isso acontecer com você. Um intervalo no relacionamento pode ser sinal do fim em circunstâncias normais, mas as regras do estudo no exterior são um pouquinho diferentes. Esses caras em geral se convencem de que dar um tempo é melhor para aproveitar ao máximo o período que vão ficar longe de você, mas não acabe com sua caixa de lenços de papel tão cedo. Fique calma e aceite. Se ele realmente gosta de você, não haverá como passar quatro meses sem você. Ele vai enviar mensagens de texto e vai sugerir encontros no Skype muito antes de começar a fazer as malas para o voo de volta. E se ele não fizer isso? Bem, sentimos dizer, mas nesse caso é hora de encontrar um bonitão de olhos escuros para você.

— *Filhas que seguem As regras*

na década de 1980. Antes de qualquer tipo de tecnologia baseada em vídeo existir, o homem teria de viajar para ver você. Nós já sabemos que tecnologia demais nem sempre é boa coisa. Não concorde rápido demais com sessões no Skype de manhã, à tarde e à noite. Desligue ou finja que não sabe usar ooVoo direito, e de vez em quando recuse os convites pelo FaceTime para não ficar acessível o tempo todo. Quando aceitar um vídeo chat, encerre aos vinte minutos. Você não tem tempo para ficar sentada sem fazer nada. Além de fazer tudo isso, também não pode tomar a iniciativa de nada, como acontece com qualquer outra forma de comunicação. Tomar a iniciativa de chamar para um vídeo chat é ainda *pior* do que enviar mensagem de texto ou telefonar, porque você precisa estar sentada diante do seu computador. Como é que vai fazer isso se tem uma vida plena e muito ocupada?

Um relacionamento de longa distância não deve manter essa longa distância por longos períodos de tempo. Ele deve planejar quando vai vê-la e como vocês dois podem se encontrar, seja ele ou você partindo para uma mudança. Mas você mudar só vai acontecer depois que ele pedi-la em casamento com uma aliança e que vocês marcarem a data do casório. Num relacionamento de acordo com *As regras*, o homem quer respirar o ar que você respira. Ele nunca quer ficar longe muito tempo. Como dissemos no nosso primeiro livro, ele tem de visitá-la três vezes num relacionamento a distância, antes de você ir visitá-lo. Pode parecer engraçado dizer isso, mas a situação não pode ser igual para os dois. Se o cara que você está namorando inventa desculpas para não poder ir vê-la toda semana, ou todo mês, isso não é um relacionamento a distância, é um relacionamento fantasioso, cortesia da internet e do vídeo chat. Nós sabemos. Ouvimos as histórias de guerra.

Erica, 30 anos, dona de uma galeria, conheceu Max, professor adjunto, 35, no Louvre, em Paris. Eles estavam admirando a *Mona Lisa* quando Max disse "É menor do que você pensava, não é? De onde você é? Eu sou de Chicago". Erica deu risada e disse para Max que era de Washington, D.C. Os dois se deram muito bem e Max perguntou se Erica queria tomar um café com croissants num café ali perto. Erica disse *"Pourquoi pas?"*. Eles conversaram três horas sem parar. Erica nem acreditava que tivessem tanta coisa em comum. Logo descobriram que os dois iam deixar Paris na manhã seguinte, então resolveram se encontrar para jantar também. Depois de dividir uma garrafa de vinho, Erica acabou ficando no quarto do hotel de Max, fizeram sexo aquela noite e na manhã seguinte. Dividiram um táxi até o aeroporto. Tinham conversado sobre arte, filosofia, religião e história sem dificuldade nenhuma, como se já se conhecessem há anos, e não apenas a um dia. Completavam as frases um do outro.

Quando voltaram para os Estados Unidos, Max ficava enviando mensagens e e-mails para Erica o dia inteiro, todos os dias. "Sonhei com você ontem à noite, vou escrever um poema para você. Quem é seu poeta preferido?" Ela respondia com a mesma frequência e o mesmo prazer. Começaram a se falar pelo Skype em horários malucos e Erica passou a faltar às aulas matinais de aeróbica para ficar disponível para Max, que gostava de bater papo bem cedo. Erica atualizou seu status no facebook: "Acho que descobri o amor na Cidade Luz!"

Mesmo com todas aquelas mensagens de texto, e-mails, bate-papos no facebook e sessões no Skype por dois meses, Max nunca mencionou encontrar Erica de novo. Erica estava tão lisonjeada com o contato constante que nem notou (ou fingiu não notar) o óbvio, até que uma amiga que conhecia bem as regras disse: "Se esse cara é tão louco por você, por que não vem te ver?" Erica atribuiu ao horário apertado. Mesmo assim, resolveu convidá-lo para ir a Washington, para a inauguração de uma galeria, "para agitar as coisas". Max disse que ia adorar, mas não podia por causa do trabalho. Erica não queria deixar passar mais dois meses e lembrou que tinha uma amiga no facebook que era de Chicago, com quem podia refazer o contato como pretexto para ver Max. Max pareceu animado, mas disse que o carro dele estava na oficina e que não ia poder pegá-la no aeroporto. Convidou Erica para ficar na casa dele e disse que a levaria para jantar. Erica estava excitada como uma menina com a ideia de passar alguns dias com Max e ficar mais íntima dele, só que não devia. Afinal, que esforço o homem precisa fazer para oferecer a casa dele em troca de sexo e boa companhia? Mínimo!

A reunião dos dois foi boa, mas Erica notou que não foi nada romântica comparada com os textos, e-mails e vídeo chats. O telefone de Max não parava de tocar e Erica teve a impressão de que ele fazia malabarismos com ela para encaixá-la nos seus horários, que ela não era prioridade. Quando saiu de lá, Erica se sentiu vazia e frustrada. Resolveu ligar para a amiga que seguia *As regras*, que lhe deu um exemplar do livro e sugeriu que ela ligasse para nós, para fazer uma consulta. Repassamos com ela todo o relacionamento, desde o momento em que se conheceram até o presente. Erica nos deu todos os textos e e-mails para ver se podíamos resgatar o relacionamento. Dissemos carinhosamente para Erica os erros que tinha cometido desde o primeiro dia: passar mais de vinte minutos com Max quando se conheceram, ir para a cama com ele cedo demais, se abrir com ele pelo Skype e ir visitá-lo primeiro. O relacionamento não era apenas um caso de tudo demasiado, e cedo demais, mas Erica era a única que o mantinha vivo. Como foi seduzida com tanta facilidade, Max não a considerava especial. Max ficava feliz de conversar com ela online, e de vê-la quando ela ia visitá-lo, mas não sairia do seu caminho para estar com ela. Ele podia até estar namorando uma de suas alunas. Erica era apenas sua amiga colorida e correspondente. Erica aceitou se afastar de Max e colocar *As regras* em prática.

De repente Erica ficou muito ocupada no trabalho, na academia e com as amigas. Também entrou para o Match.com, já que Max e ela não estavam namorando sério, apesar das muitas conversas profundas. Ela ignorava as mensagens de texto dele que não falavam de ir visitá-la. E não falavam mesmo. Sugerimos que ela desligasse o Skype para ele não poder contatá-la espontaneamente e ter de enviar um e-mail para marcar um vídeo chat. Dissemos que limitasse essas sessões a uma vez por semana, por vinte minutos, e que voltasse a fazer suas aulas matinais de aeróbica. Se Max quisesse ver seu lindo rostinho, teria de pegar um avião para Washington D.C. Nada mais de longos e-mails nem mensagens de texto sobre poesia e religião, só "atolada na galeria". Quando ele perguntava "Que anda fazendo?", ela respondia "Estou na academia, não posso falar", ou "No cinema com amigos... tenho de ir!". Mesmo com toda a conversa sobre poesia e vida, ele nunca falou *nada* de se encontrar com ela.

Depois de uma semana de imersão nas *regras*, Max notou que Erica não estava tão acessível e enviou algumas mensagens de texto perguntando o que estava fazendo e se planejava voltar a Chicago, mas não falou nada de ir a Washington vê-la. Felizmente Erica tinha conhecido no Match.com um cara que morava perto, na Virginia, que a convidou para sair de verdade, e ajudou a superar Max bem depressa. Ela percebeu, graças Às *regras*, que o relacionamento de longa distância em que estava metida não era relacionamento nenhum.

Em alguns casos, a cliente insiste que seguiu as *regras* de relacionamentos a distância, especificamente por ter esperado para ir visitá-lo depois que ele foi à cidade dela três vezes, mas que não sabe por que o relacionamento não deu certo. Quando analisamos a situação numa consulta, descobrimos que depois da terceira visita dele, ela jogou as *regras* para o espaço. É importante lembrar que, mesmo depois de chegar à fronteira das três visitas, continua sendo uma questão do homem correr atrás de você. É namorar um cara que não quer ficar longe de você. A mulher tem de seguir o espírito de *As regras*, não só o que está escrito.

Sophie, 34 anos, de Nova York, conheceu Jordan, 37, num happy hour perto do escritório dela numa sexta-feira à noite. Jordan tinha chegado de Seattle para uma conferência imobiliária e ia embora na manhã seguinte. Ele se aproximou de Sophie e perguntou se podia comprar um drinque para ela. Conversaram sobre trabalho, sobre o tempo, sobre viagens. Depois de vinte minutos, Jordan perguntou se ela queria jantar, mas Sophie disse que não. No passado, Sophie tinha justificado passar cinco horas com homens de fora da cidade porque iam viajar na manhã seguinte, só que tinha lido *As regras* e sabia que esse era um grande erro.

Jordan pegou o número do telefone de Sophie e disse que ligaria para ela em breve. No dia seguinte enviou uma mensagem de texto do aeroporto JFK para dizer que tinha gostado muito da noite e que adoraria vê-la de novo. Perguntou se tinha algum plano de ir para Seattle, e ela escreveu de volta que "Não, não posso sair daqui por um tempo". Jordan respondeu "Então se o único jeito de vê-la novamente é ir para Nova York, assim seja". Ele marcou o voo duas semanas depois e levou Sophie para jantar e para um passeio de charrete pelo Central Park. Jordan perguntou se podia ficar no apartamento dela, mas, seguindo *As regras*, Sophie disse "Sinto muito, ainda não estou à vontade com isso, mas posso recomendar um ótimo hotel". Duas semanas depois Jordan teve outra conferência de trabalho em Nova York e levou Sophie para jantar e para assistir a um show. Dessa vez, ela deixou ele dormir na casa dela, só que no sofá, sem sexo. Jordan perguntou de novo se Sophie podia ir para Seattle e disse que ele até pagaria a passagem de avião. Ela escreveu: "Não posso me ausentar no trabalho agora." Jordan tinha uma reunião dos colegas de faculdade em Nova Jersey um mês depois, por isso escreveu: "Não tem problema, vou aí pra te ver."

Até aí, tudo bem! Entre as visitas, Jordan iniciava conversa por texto, e-mail e bate-papo no FaceTime. No terceiro encontro, Jordan reservou um quarto num hotel no centro de Nova York e levou Sophie para jantar, beber e dançar. O programa foi até às quatro da madrugada e acabaram dormindo juntos. Depois de carinhos a manhã toda e do café na cama, Sophie começou a sentir que estava se apaixonando pelo belo e alto corretor.

Agora que Jordan tinha cumprido a cota das três visitas, Sophie achou que podia demonstrar mais iniciativa. Por isso quando ele perguntou mais uma vez se ela podia passar um fim de semana em Seattle, ela respondeu animada "Vamos ver o que posso fazer". Uma hora depois ela fez amizade com uma companheira de quarto da faculdade no facebook, que tinha se mudado para Seattle, para dizer que ia para lá e que queria saber se ela gostaria de um programa a quatro. Implorou para o chefe folga de uma semana para cuidar de uma emergência familiar, então ligou para a companhia aérea para usar suas milhas de voo. Enviou um e-mail para Jordan dizendo "Vou poder ir para Seattle, afinal. Tenho férias atrasadas de sobra". Jordan foi pego de surpresa, mas escreveu "Uau, isso parece ótimo!".

Como muitas vezes acontece quando a mulher começa a agir assim, mesmo num relacionamento que segue *As regras*, Sophie passou das medidas e se expôs à decepção. Pediu a Jordan que a pegasse no aeroporto, ele disse que adoraria, mas que tinha reuniões com clientes de manhã à noite, se ela podia pedir a uma amiga, ou pegar um táxi. Depois, em vez de cobri-la com jantares e passeios românticos pela cidade, Jordan ficou trabalhando até tarde, pediu comida chinesa em casa e caiu no sono depois do sexo. Sophie lhe pediu que mostrasse a cidade para ela, ele sugeriu que ela fosse com a amiga, porque tinha de trabalhar até tarde. Ela pediu uma gaveta para guardar suas coisas, ele lhe deu uma sacola de compras vazia. Ai!

Quando Sophie foi embora, Jordan não falou mais nada sobre encontrá-la de novo. Escreveu casualmente: "Acho que nos veremos na próxima vez que eu for para Nova York a trabalho."

Magoada e confusa, Sophie resolveu dar uma festa de Réveillon e mandou um convite para Jordan. Primeiro, ele escreveu, "vou tentar, parece divertido!" e uma semana depois escreveu de novo "está difícil conseguir voo no feriado, sinto muito, querida". No dia seguinte Sophie viu fotos de Jordan com outras mulheres no mural dele do facebook e entendeu que não tinha sido um relacionamento sério para ele. Resolveu encará-lo no iChat para perguntar se tinha sido apenas um caso passageiro, já que pensava seriamente em mudar para Seattle se ele achasse que tinham algum futuro.

"Acho você bonita e doce, mas você é nova-iorquina e eu sou um cara de Seattle. Somos pessoas muito diferentes. Sinceramente, não acho que isso vai dar certo."

Sophie aprendeu do modo mais difícil que, mesmo se o homem for visitá-la primeiro, e fizer isso três vezes, não quer dizer que está sendo sério. Jordan não foi sempre a Nova York para encontrar Sophie, mas para se divertir, para trabalhar e para uma reunião dos colegas de turma. E se ele a convida para passar um fim de semana, não passe *uma* semana com ele, mesmo se tiver férias, uma amiga na cidade dele e muitas milhas de voo. Como Jordan, ele se sentirá sufocado com tanta proximidade tão de repente e com tanto interesse. Para ser um relacionamento de longa distância de acordo com *As regras*, é *ele* que tem de dar um jeito de passar mais tempo com você, na sua cidade. Ele tem de dizer que quer namorar sério, dizer "eu te amo" e planejar para vocês ficarem juntos, custe o que custar.

A mulher pode inventar os motivos mais doidos para viajar para a cidade dele primeiro! Ela racionaliza tudo dizendo que não quer que ele saiba que ela ainda mora com os pais, ou que se envergonha do seu apartamento decadente. Dizemos para ela deixar disso. Um homem que gosta de você não vai se importar se você mora num lar ou num buraco, mas viajar para vê-lo fará com que você pareça desesperada e nada ocupada. Não faça isso! A tentação mais comum é passagem de graça ou milhas de voo. Mesmo se um cara se oferecer para pagar a passagem de avião, ou se mandar uma limusine pegá-la nos primeiros encontros, não vá. A questão não é o dinheiro, é o esforço. Ele é que deve fazer a mala e sair do conforto dele, senão como é que você vai saber que ele realmente gosta de você? Você não é uma garota de programa que pode ser comprada com o aluguel de um carro. Conhecemos mulheres que participam de serviços de namoro milionários e os caras se recusam a sair de seus duplex ou mansões. Eles querem pagar para a mulher viajar até eles. Uma mulher que segue *As regras* diz "Não, obrigada". Se ele não puder sair para vê-la, você também não pode! Ele não é mais importante do que você, mesmo que seja um diretor executivo e você uma secretária. Não importa se você tem uma prima na cidade dele ou se apenas quer dar o fora da sua cidade, as *regras* são mais importantes. Se você viajar para vê-lo por qualquer motivo, ele não terá mais de se esforçar para vê-la. Pense na gratificação de longo prazo, não no prazer de curto prazo.

    Em um relacionamento de longa distância de *As regras*, o homem simplesmente *não aceita* que vocês não estejam juntos. É capaz de dirigir três horas, ou de pegar um avião toda semana ou a cada quinze dias. Ele procura uma faculdade ou um emprego na sua cidade. Ele se muda. Ele a pede em casamento. Ele não deixa passar muito tempo, porque não aguenta ficar sem você.

Não existe muita conversa sobre quem vai visitar quem. Você não precisa apontar uma arma para a cabeça dele para ele ir visitá-la. Lembre que homens viajam horas para assistir a partidas de futebol e concertos. Ele pode brincar "Você vem me visitar algum dia?", mas quando você rir e disser "Eu não gosto de dirigir para tão longe, menos ainda à noite", ele virá até você. É ponto passivo que o homem terá de fazer o trabalho pesado.

REGRA 16

Não perca suas amigas porque está obcecada por um cara!

Mulheres que quebram as regras com os homens não são as melhores amigas. Em geral ficam tão ocupadas enviando mensagens ou falando sobre ele que acabam ignorando as amigas ou as ignoram por completo. E se estão apaixonadas por um cara que não se interessa por elas, ficam se iludindo e querem que as amigas também mintam para elas. Você nunca esteve com uma amiga no meio de uma orgia de mensagens de texto, ou batendo papo com mensagens instantâneas com um cara? A sensação é de que você está com um zumbi. Ela está ali fisicamente com você, mas mentalmente a milhões de quilômetros de distância. Se você é uma mulher que segue *As regras*, tenta delicadamente fazê-la largar o celular pelo bem dela (e pelo seu!), mas ela ignora você por completo, ou mostra o dedo para sinalizar um minuto, ou então forma as palavras com a boca em silêncio: "estou quase terminando". Mas então passam mais dez minutos, depois vinte, ou trinta. É frustrante, para dizer o mínimo. Se você sair daquele cômodo, ela nem vai notar, nem sentirá a sua falta. Ela está obcecada!

Claro que as mulheres que seguem *As regras* não são esse tipo de amiga. Elas terminam suas conversas por mensagens rapidamente. Não largam as amigas por um encontro de última hora, nem por uma transa casual. Não obrigam as companheiras de quarto a aturar um cara dormindo no quarto com elas toda noite. Elas não fazem charme para a paixão da amiga. Elas têm limites e se respeitam! Agora você já sabe que é bom que o homem veja que você está ocupada demais para pensar nele e falar com ele o tempo todo. Bem, e qual é sua ocupação esse tempo todo? Suas amigas! Você tem uma vida movimentada, com seus cursos, idas ao Bloomingdale's e jantares em que cada comensal leva um prato. Talvez você se encontre com amigas que seguem *As regras* e se reúnem toda semana para tomar um café ou comer comida chinesa (como nós costumávamos fazer!) e conversar sobre os problemas ao sabor de café com leite, ou dim sum. Nós acreditamos em conversas com nossas melhores amigas para não darmos nenhum fora com os homens. Você pode perguntar para uma amiga o que deve dar para um homem que acabou de conhecer no Dia dos Namorados (nada!), para não desenhar corações no mural dele, nem comprar para ele um *mouse pad* com a sua foto.

Mulheres que ficam obcecadas pelos homens realmente testam a paciência das amigas. Ficam tão ocupadas publicando "Feliz aniversário de 14 dias!" no mural do facebook do novo namorado, que mal ouvem o que as amigas dizem. Seja qual for a conversa, sobre as provas do meio do ano, ou sobre o Oriente Médio, essas mulheres que não seguem *As regras* conseguem falar do cara. "Sinto muito que sua mãe esteja no hospital. Espero que ela melhore logo. Eu já contei que a mãe de Jay é médica? Jay está pensando em fazer medicina. Ele só não sabe se quer ser clínico geral ou cardiologista." Essas mulheres parecem que usam antolhos. Não conseguem pensar em mais nada e em ninguém, e por isso acabam sendo muito grosseiras e desagradáveis demais com as amigas.

Elizabeth, caloura, se apaixonou por Daniel, do primeiro ano, que morava no dormitório dela. Eles eram apenas amigos, mas então dormiram juntos duas vezes depois de ficarem bêbados numa festa dos estudantes e Elizabeth ficou obcecada. Fez a melhor amiga, Madison, ficar com ela na cantina desde a hora que abriu, às 4:30 da tarde, até fechar, às sete da noite, para poder encontrar Daniel. Elas sentavam lá e fingiam comer aquelas três horas enquanto Elizabeth metia o nome do Daniel em todas as conversas.

"Você falou em sushi? Nossa, que engraçado, o Daniel adora sushi. Espero que ele me leve para seu restaurante preferido para comer sushi nas férias."

"Você vai para a academia depois do jantar? Vou com você. Daniel disse que costuma malhar por volta das oito da noite. Seria muito legal malhar junto com ele. Assim ele poderá ver como fico atraente na esteira. Vou até o meu quarto para vestir um short bonitinho..."

"Como foi o casamento da sua irmã semana passada? Desejo para ela mais sorte do que tiveram os pais do Daniel. Ele acabou de contar que estão se divorciando depois de trinta anos. Dá para imaginar? Talvez eu deva enviar uma mensagem para ele, para perguntar como ele está. Ele disse que tem sido muito difícil para a irmã mais nova. Talvez eu pudesse ficar amiga dela no facebook."

"Eu realmente acho que se pudesse fazer Daniel relaxar e se embebedar, ele ia querer ficar comigo. Você acha que seu irmão mais velho consegue cerveja para nós?"

É óbvio que Madison ficou enjoada. Tudo era Daniel isso e Daniel aquilo. E as poucas vezes em que Daniel entrou no refeitório, Elizabeth deixou Madison sozinha à mesa delas para sentar junto com ele. Por falar em grosseria...

Ele nunca chamava Elizabeth, nem a convidava para sair, e isso provocava o envio de mensagens para Madison para brincar de adivinhar o que Daniel podia estar fazendo. "Ele deve estar estudando que nem louco. Eu li no facebook dele que está na biblioteca toda noite. Ele quer fazer faculdade de direito e acho que ter um namoro pode ser demais, eu não sei. Ou talvez sejam os problemas com o divórcio dos pais. Acho que vou ligar para ele. O que você acha?"

Madison já estava cheia, mas era leal e não queria magoar os sentimentos de Elizabeth, por isso disse "É, deve ser isso aí", ou "Claro, por que não envia para ele uma mensagem de texto? Para ele saber que você está pensando nele, mas sem pressão nenhuma".

Uma noite, depois de passar horas na cantina, Madison criou coragem para dizer para Elizabeth: "Se um cara some duas semanas, é porque acabou, não acha? Vamos a uma festa fora daqui, para conhecer outros caras?" Mas Elizabeth estava completamente tomada por aquela obsessão. Ela ficou furiosa com a amiga. "Será que não pode dar uma colher de chá pra ele? Os pais dele estão se divorciando e ele tem três provas esta semana. Nem todo cara é um robô sem sentimentos ou problemas. Acho que vou escrever boa sorte na prova de física no mural dele e comprar bolinhos especiais para ele. Sei que é isso que tenho de fazer."

Daniel finalmente disse para Elizabeth que não podia manter um relacionamento naquele momento, mas mesmo assim ela não aceitou. "Por que está dizendo isso? Deve estar completamente estressado, vamos conversar sobre isso uma outra hora", ela lhe disse. Foi só quando ele parou de responder às mensagens dela que Elizabeth acabou entendendo. Ficou arrasada e muito sozinha. Quando enviava mensagens para Madison e para as outras amigas para se lamentar, elas não demonstravam boa vontade. Ela até recebeu uma mensagem que dizia "desculpe, converso com você mais tarde". Elizabeth tinha dinamitado as pontes com todas as amigas, e elas tinham coisa melhor para fazer do que ficar ouvindo a autopiedade dela. Se você se reconhece nisso, pare antes que seja tarde demais, senão vai ficar completamente sozinha!

A história de Elizabeth devia servir de alerta para todas as mulheres: não ignore nem se afaste das amigas só porque está obcecada por um homem. Se o relacionamento acabar, ou nunca acontecer, você vai precisar das suas amigas para conversar e ajudá-la a recolher os cacos do seu coração no chão.

Mulheres como Elizabeth, além de não saberem manter as amizades, podem ser também má influência. Como quebram as *regras* com os homens, talvez queiram que você faça a mesma coisa, até por não terem noção. Elas podem sugerir que você faça amizade no facebook com um cara de quem você gosta, ou que envie a primeira mensagem de texto para ele, ou que o convide para sair. Elas dizem "Você não é nada divertida", se você não imitar essa maneira de perseguir os homens. Por isso nós sugerimos encontrar outras mulheres que sigam *As regras* para conversar, pois assim terá menos chance de fugir do seu plano de namoro. Foi por isso que criamos um sistema de contato mundial de *As regras* e a página de *Regras* no facebook. Para você encontrar influências positivas e contar com o apoio das outras.

Não fique obcecada por um homem ao ponto de se tornar esse tipo de namorada. Não fique tão obcecada com um homem ao ponto de esquecer os aniversários de suas melhores amigas, ou de deixar de desejar sorte para elas no primeiro dia de trabalho num novo emprego, ou de se manter informada se elas tiveram algum problema de saúde. Tanto faz se é uma paixão ou um namorado, nós todas corremos o risco de perder a linha às vezes, mas temos de nos esforçar mais ainda para sermos boas com as nossas amigas!

REGRA 17

Não seja a primeira a apresentar o cara para alguém, convidá-lo ou ficar amiga dos amigos dele

Hoje em dia ninguém está a uma distância maior do outro do que seis graus. Talvez o mundo tenha mais gente, mas está definitivamente ficando menor. Todos são amigos de amigos... de amigos. Com toda essa conexão e reconexão, você pode de repente se ligar a novecentas pessoas e não achar nada de mais!

Mas algumas mulheres estão usando e abusando das redes sociais para "conhecer" os amigos ou a família de um homem antes dele apresentá-los oficialmente. Elas acham que fazer amizade com as pessoas do círculo dele o trará mais para perto delas, ou ajudará que ele tome uma decisão. Nós entendemos essa tentação de botar os amigos, colegas de trabalho, a mãe, a irmã ou os primos dele no seu radar, mas é um grande erro tomar a iniciativa nesse mundo sem a aceitação dele. Os amigos e a família dele podem achar agressivo, ou até esquisito e assustador o fato de você invadir o ciberespaço deles. E pode ser um tiro pela culatra se disserem isso para ele.

Qual é o problema de enviar uma mensagem no facebook para a mãe dele perguntando a receita de canja de galinha? Que mal há em postar no mural de um irmão dele de fraternidade que a festa deles no último fim de semana foi sensacional? Bem parecido com escrever no mural dele, em tais situações você está perseguindo essas pessoas, o que é totalmente contra *As regras*. Pode ser interpretado como o limite do assédio e acabar assustando o seu alvo. Faz com que o homem, mesmo um que tenha tomado a iniciativa com você antes, se sinta sufocado. Você parece envolvida demais com tudo o que é dele, quando nem devia notar quem são seus amigos! É como tocar a campainha na casa do melhor amigo dele porque estava passando por lá, em vez de esperar que o seu namorado o apresente para você. Todo o mundo percebe que é forçar a barra. É muito melhor o cara apresentar quem quer que seja quando ele achar que deve, e aceitar as solicitações de amizade quando amigos e parentes dele acharem que devem solicitar. Assim é mais provável que ele inicie a apresentação dizendo "Essa é a mulher de quem eu vivo falando para você", e não "Essa é a mulher que fez amizade com você e que tem implorado para conhecê-lo".

A questão é que você tem de seguir *As regras* não só com ele, mas também com os amigos e a família dele. Ele e qualquer pessoa do mundo dele precisam dar o primeiro passo, online e na vida real. Você mantém sua própria vida, seus amigos e interesses, e ao mesmo tempo evita se perder com a vida dele. Não envie mensagem para a irmã dele de 17 anos: "Pode enviar mensagem de texto para mim se quiser companhia para ir às compras e procurar um vestido para a formatura." Ela tem a atenção do irmão e contará tudo para ele se achar esquisito. Em vez disso, você é que devia ir ao shopping com suas amigas no fim de semana. Dedique tempo e atenção às pessoas que são importantes no *seu* mundo, não no dele!

Mas esse tipo de comportamento invasivo nem sempre envolve amigos e família. Algumas mulheres têm sempre entradas muito convenientes para o basquete e não acham nada de mais querer convidar o cara com quem estão saindo para assistir ao jogo com elas. Ele já convidou você para um programa como esse? Se ele só levou você para beber, ou para jantar, a resposta é não. Convidar um homem para um concerto, um evento esportivo, ou qualquer evento familiar ou do trabalho é levar o relacionamento para o próximo nível, sem falar de convidá-lo para sair. Uma abertura desse tipo não está em *As regras*. Leve um amigo ou colega de trabalho. Qualquer pessoa, menos ele!

Se você vai a um casamento, talvez queira convidar o cara com quem está saindo para ser seu par especial. Ele já convidou você como par especial para algum evento? Se não, leve qualquer pessoa, menos ele. O mesmo se aplica a reuniões nos feriados com a sua família, festas beneficentes, festas no trabalho, ou eventos formais. Mesmo se a sua agenda social estiver mais cheia do que a dele, com mais amigos casando, ou dando festas, ou se o seu trabalho inclui eventos que exigem traje a rigor, você não pode convidá-lo para qualquer evento desses sem se tornar aquela que corre atrás. Acima de tudo, isso é convidá-lo para sair! O homem vai sentir que você está planejando o futuro de vocês juntos se levá-lo para o seu mundo antes que ele faça isso primeiro, mesmo se ele gostar e parecer animado para acompanhá-la no início. É ele que deve determinar o momento de fazer as apresentações e de levá-la para o mundo dele, para suas festas no trabalho, as partidas de boliche, a casa dos pais, o mundo dele.

Kyle, 29 anos, convidou seu namorado de 32, Adam, aos três meses de namoro, para um jantar de trabalho a rigor. Kyle estava detestando ir sozinha e também queria exibir Adam para os colegas de trabalho, para quem tinha falado maravilhas dele antes da reunião. Adam deu a impressão de ter gostado muito de ir com ela quando aceitou, só que duas semanas antes do evento disse que estava atolado de trabalho e que não sabia mais se poderia ir. Nem é preciso dizer que ela ficou aborrecida e angustiada. Ligou para nós nervosa, queria saber até onde devia insistir, porque o calígrafo precisava do nome dele para o cartão dos lugares à mesa. "Calígrafo"??? Essa é uma palavra associada a *casamentos*... Será que ela estava querendo assustá-lo de vez? Basta qualquer novo namorado ver seu nome gravado ao lado do dela num cartão de lugares para pensar que as coisas estão ficando sérias e aceleradas demais. Sugerimos que ela convidasse um *amigo*, homem ou mulher, para o jantar e dissesse para o calígrafo escrever apenas "convidado". E mesmo que ela levasse Adam para qualquer programa no futuro, ele devia sempre ser posto na lista como "convidado". Ela perguntou se devia dizer para o namorado que afinal ele não precisava ir. Nós dissemos a ela que não se desse ao trabalho, que ele já devia ter esquecido e que ficaria aliviado se ela não mencionasse isso de novo. E foi o que aconteceu. Ela não tocou mais no assunto, nem ele.

Carly convidou o namorado de um mês para a festa dos seus 25 anos, organizada por amigos e família no seu restaurante preferido. Foi um programa casual, mas, em questão de horas, o homem que tinha tomado a iniciativa de falar com ela num bar, depois saído com ela três sábados seguidos, foi conhecer os pais dela, os irmãos e os amigos mais próximos da faculdade e do trabalho. Carly ligou para nós algumas semanas depois para contar que ele tinha dito que não queria nada sério. Ele já não a convidava para sair havia duas semanas... desde a festa! Fizemos umas perguntas e Carly acrescentou que uma das amigas perguntou se ele era namorado dela e que ele tinha dito "Somos apenas amigos". Ela quis perguntar o que ele queria dizer com aquilo, levando em conta que tinha ido para a cama com ele a última vez que saíram. Mas dissemos a ela que não fizesse isso. Ele por acaso a tinha convidado para o aniversário dele, ou para conhecer seus amigos e sua família? Não, ainda faltavam seis meses para o aniversário dele. Obviamente tinha sido um erro convidá-lo para a festa. Ele se sentiu pressionado ao conhecer tão rápido aquelas pessoas que ela conhecia, e todas de uma tacada só.

Se o seu aniversário acontecer antes do dele, a situação é complicada. Se está saindo com o cara há um mês ou dois e seu aniversário está chegando, e suas amigas falam de dar uma grande festa, diga que esse ano você quer algo mais discreto. Você não vai querer estar na posição de resolver se vai convidá-lo ou não. Se convidá-lo, corre o risco de ele ter de conhecer todas as pessoas da sua vida, inclusive sua mãe, e de pensar que a coisa está ficando séria demais. Se não incluí-lo, ele pode se ofender. Faça um favor a si mesma e comemore o seu aniversário num jantar com algumas amigas.

E se ele perguntar se pode ir, ou se foi convidado para algum evento próximo? Se for algo mais formal, como um casamento, ou festa no trabalho, diga que sente muito, que gostaria, mas que não pode levar ninguém... e vá sozinha. Zoey, 25, foi convidada para um casamento e queria levar Andy, namorado dela há dois meses, para ser seu par, mas a noiva disse que Zoey não podia levar ninguém porque tinha convidados demais. Zoey perguntou se de-

Para escapar do convite

E o que acontece em relação a grandes festas e chopadas de fim de ano? Especialmente na faculdade, quando você tem de vinte e poucos a vinte e muitos de idade, aniversários são momentos para se esbaldar. Em geral você fica tentada a convidar toda a sua lista de amigos no facebook para comemorar o seu dia especial na pista de dança da sua boate preferida. Excluir o alvo da sua afeição de tal acontecimento pode ser visto como um descarte proposital – até uma esquisitice – e talvez acabe chamando mais atenção para a sua paixão do que você pretendia. Então, será que você poderia convidá-lo? Claro que sim, mas seja esperta. Ponha uma das suas amigas para criar o evento no facebook e para convidar a todos, ou peça que ela envie os convites por e-mail para a lista de convidados que você vai montar. Dessa forma, ele recebe o convite, mas você não quebrou nenhuma regra com isso. E quem sabe? Você pode muito bem ganhar o presente de aniversário de dançar com aquela sua paixão especial.

– *Filhas que seguem* As regras

via implorar para a amiga abrir uma exceção, mas dissemos para ela não fazer isso. Além de ser falta de educação, não correspondia *Às regras*, já que Andy não tinha convidado Zoey para nada semelhante. Então, quando Andy a convidou para sair aquele sábado à noite, ela disse que não podia vê-lo porque tinha outro compromisso. Ele perguntou qual era o compromisso e ela respondeu que era o casamento de uma amiga. Sem entender por que Zoey não o tinha chamado, mas educado demais para dizer qualquer coisa, Andy simplesmente a chamou para almoçar e assistir a um filme no dia seguinte. Domingo, às onze da manhã, Andy apareceu no apartamento dela, exigindo saber quem Zoey tinha levado e com quem tinha dançado. Zoey contou a verdade, já que mulheres que seguem *As regras* não mentem, que tinha só um convite para o casamento e que tinha dançado com as amigas. Andy ficou aliviado de receber essa boa notícia, mas ficou evidentemente abalado, pois passou a noite inteira imaginando quem era o par dela. Essa curiosidade fez Andy gostar ainda mais de Zoey! As *regras* funcionaram. Hoje os dois estão casados.

Se você está pensando em tomar a iniciativa de entrar no mundo dele, pense melhor. Deixe que ele faça isso, assim como deve fazer com todo o resto. Deixe que ele sugira conhecer suas amigas e aja com naturalidade, sem se importar muito quando ele manifestar esta intenção. O problema hoje em dia é que as mulheres estão apresentando os homens para todo o mundo e convidando para tudo. Grande erro! Pense a longo prazo. Você quer um namorado para ir a um casamento, ou um namorado permanente?

REGRA 18

Não seja a primeira a escrever para os caras, ignore cutucadas e outras *regras* para namoro pela internet

Algumas mulheres solteiras têm problema com namoro pela internet. Acham que não é para elas e se recusam a fazer isso, ou fazem errado. Nós achamos que há apenas dois erros que se podem cometer no namoro online. O primeiro é não experimentar. (Vamos tratar do segundo em um minuto.) Se você tem medo, ou vergonha de tentar o namoro virtual, estamos aqui para dizer que é uma forma segura e viável de conhecer homens. Quando as mulheres vêm reclamar para nós que não conseguem conhecer ninguém, sugerimos que, além de frequentar eventos para solteiros, elas entrem em um site de namoro. É como dizer para elas posarem para a *Playboy*! Elas acham que é público demais... O que o chefe, ou os vizinhos, vão dizer?... Ou insistem que já tentaram antes e que não funciona.

Eis alguns motivos para as reações que vemos diante da ideia de namoro virtual, e as nossas respostas.

- **"Sou tímida demais."** Não existe nenhuma interação social no ato de se inscrever! Você apenas monta um perfil com algumas fotos e deixa os homens fazerem todo o trabalho.

- "Eu morreria se as pessoas no trabalho ou na igreja vissem." Alô, isso só ia significar que elas estão no site também! Nada por que se envergonhar.

- "Já experimentei e não conheci ninguém que servisse." Não deve ter dado tempo suficiente. Além disso, o seu perfil não é exatamente conforme *As regras*.

- "Só as fracassadas fazem isso online." Nossas clientes que conheceram seus maridos pela internet diriam o contrário. Os homens nesses sites de namoro são um microcosmo de *todos* os homens solteiros: alguns são bonitos e normais, outros não. Nenhuma novidade.

- "Quase todos os caras online são casados!" Certo, alguns são, mas não a maioria. As *regras* filtram os homens casados de qualquer maneira, porque eles não a convidam para sair com frequência aos sábados à noite nem nos feriados.

- "Eu não tenho nenhuma foto boa ou recente." Isso é fácil de providenciar, basta pedir para uma amiga tirar, ou então usar um fotógrafo profissional.

Não importa quantas formas você use para conhecer futuros namorados, entrar na rede só vai aumentar suas chances de conhecer um cara legal. É um recurso social legítimo – milhares de mulheres conheceram seus maridos pela internet, provavelmente incluindo algumas que você conhece – e não é perigoso se for feito da maneira certa. Tentar conhecer alguém em bares e eventos para solteiros consome muito tempo e nem sempre é possível, se você tiver um emprego em tempo integral ou filhos pequenos. Além disso, o tipo de homem que você quer pode não estar por aí. Namoro online é fácil e conveniente.

Talvez o motivo mais eficiente para tentar seja que, à medida que você vai envelhecendo, o mercado de namoro vai ficando menor. Mais amigas suas ficam noivas, ou se casam, e não têm ninguém para apresentar a você, ou não estão a fim de bancar sua dama de honra. Depois da faculdade você não vai necessariamente conhecer homens com facilidade, ou acidentalmente, como acontecia no campus. Entrar na internet é apenas mais um jeito de conhecer gente – não há nada de estranho nem de assustador nisso! É claro que você pode conhecer alguns sapos antes de encontrar o seu príncipe, mas isso também acontece offline!

Depois de superar sua resistência a namorar online, é hora de se concentrar em montar o seu perfil. O primeiro passo é criar seu apelido de usuária. Muitas mulheres caem na tentação de usar algo genérico que torne difícil sua identificação, como as iniciais e data de nascimento, mas isso é um erro. Inventar o que é basicamente um apelido para você num site de namoro é uma oportunidade de ser criativa e de transmitir a impressão correta. Por que não aproveitar isso? Nós gostamos de descobrir com qual atriz ou modelo a mulher se parece porque as semelhanças com celebridades sempre chamam atenção. Outra opção é capitalizar nos seus traços preferidos. "MulherBlakeLively" e "AdvogadaOlhosAzuis32" são bons exemplos de apelidos. Às vezes as clientes perguntam: "Mas não é pretensioso dizer que pareço com uma estrela do cinema?" Não. É divertido e mostra grande autoestima.

O mais importante é que chama a atenção dos homens. Afinal, quem não gostaria de sentir que está saindo com uma celebridade? Emma, 33 anos, escreveu que era sósia de Kim Kardashian e recebeu uma mensagem dizendo: "Espero que o *nosso* casamento dure mais de três meses!" Como os homens sentem atração por certo tipo e visual, a foto que você vai escolher para pôr no seu perfil é extremamente importante – assim como a sua aparência é na vida real. Vemos muitas fotos em que a mulher está posando com a sobrinha, ou usando uma fantasia barata de Dia das Bruxas, está franzindo os olhos, ou usa o cabelo todo despenteado, os seios saltando do sutiã do biquíni, ou aparece com o braço de um homem que foi cortado da foto sobre o seu ombro. Peça a alguém para tirar fotos novas, especificamente para usar no seu perfil de namoro. Sorria e olhe para a câmera. Nada de cara amarrada, nem de imagens artísticas demais. O ideal é que você tire fotos do rosto e uma ou duas de corpo inteiro para poder mostrar o pacote todo para os homens.

Em termos do conteúdo do perfil, achamos que é melhor ser breve e doce. Concentre-se em itens superficiais, como sua profissão, hobbies, programa, filmes, comida, esportes, viagens preferidos. Eis um exemplo de um perfil que obedece a *As regras*:

PublicitáriaBonita32

Parecida com Blake Lively

Estudei na Universidade Georgetown e trabalho como publicitária de produtos de beleza na cidade de Nova York. Quando não estou trabalhando, gosto de correr, andar de bicicleta, nadar e de ir ao cinema. Meu filme preferido é *Titanic* e meu programa de TV preferido é *Law & Order*. Gosto de sushi e de comida italiana. Gosto de viajar para Los Angeles uma vez por ano. Procuro alguém inteligente e atlético, com um bom senso de humor.

Às vezes as clientes dizem que sua descrição de acordo com as *regras* é curta demais, ou superficial demais, e que preferiam contar para os homens mais sobre suas paixões e como são realmente. Elas querem que suas personalidades exclusivas brilhem em muitos parágrafos sobre seus pensamentos, sentimentos e opiniões, passado e futuro, querem compartilhar suas experiências, sua força e esperanças na vida, no amor, nos relacionamentos. Por exemplo, algumas mulheres escrevem: "Não gosto de jogos e estou procurando alguém com quem possa criar laços afetivos, alguém que me complete, mas sem dependência." Outras escrevem que estão procurando alguém "que não se sinta ameaçado por uma mulher forte e financeiramente independente", ou são bem diretas e declaram "não sou *amarga* por ter tido um péssimo divórcio, eu *cresci*!". Elas querem escrever um currículo, ou extravasar tudo o que pensam, como se o perfil fosse uma autobiografia, temendo que cinco frases sobre as coisas de que mais gostam não lhes faça justiça. Mas, como sempre, menos é mais! Mesmo se você preencher campos separados no seu perfil, os homens olham basicamente para as fotos e dão só uma passada de olhos no resto. Descobrimos que as mulheres que escrevem dissertações atraem missivistas que querem escrever coisas mais profundas online, mas não as convidam para sair.

Mulheres que revelam menos, especialmente as que têm bons apelidos e fotos, atraem homens que ficam intrigados e que as convidam para sair. O segredo é só provocar o interesse deles.

Então, se você já namorou pela internet antes e não teve sorte, sugerimos que tente de novo com fotos bonitas e apenas alguns fatos... E veja se obtém melhores resultados!

O segundo erro ao qual nos referimos no início desse capítulo é tomar a iniciativa de fazer contato com um homem pelo site. A regra principal para namorar nas redes é que ele escreva para você primeiro. Você não deve enviar mensagem, nem piscadela, nem bater papo com ele primeiro, por mais perfeito que ele seja, nem sendo o seu tipo. Fazer isso é como se dirigir a ele primeiro, pessoalmente. É perseguir o tipo dele, a personalidade, as fotos e os interesses, o que torna você a agressora e é contra todo o conceito de *As regras*. Descobrimos que a maior parte das vezes em que a mulher tomou a iniciativa de escrever primeiro nos relacionamentos virtuais, eles não deram certo. A única hora que funcionou foi quando o homem estava a ponto de entrar em contato e ela entrou nesse exato momento – ela teve muita sorte. Como acontece sempre, é melhor esperar que o homem dê o primeiro passo, para que você não tenha dúvida nenhuma de que ele realmente está interessado.

Você também deve ignorar piscadelas, cutucadas e outras atividades similares nos sites de namoro. Isso ocorre quando o homem clica no seu perfil, mas não escreve para você. É o equivalente a olhar para você numa festa, mas não se aproximar nem falar com você. Ou seja, um grande zero. Orientamos que as mulheres ignorem as piscadelas porque não representam esforço algum. É como cutucá-la no facebook, em vez de escrever uma mensagem. Se um homem não é capaz nem de escrever um e-mail para se apresentar, então provavelmente também não vai convidá-la para sair.

A sua resposta à mensagem de um homem no seu perfil online é uma forma de arte para a mulher que segue *As regras*. É sempre curta porque não estamos procurando um correspondente, e sim programas. Queremos passar de online para offline o mais depressa possível. Para ser mais exatas, em quatro contatos. Se o homem não pedir para sair com você depois de quatro mensagens, ele é um desperdício de tempo, ou não está muito interessado em você, nem num relacionamento. Próximo! Em todos os meios de comunicação, você deve esperar pelo menos 4 horas para responder a um homem novo que respondeu ao seu perfil online, mas se tiver 30 anos ou mais, pode esperar um dia inteiro para escrever de volta. (Pode consultar a nossa tabela sobre o tempo para enviar respostas de texto nas páginas 84-85.)

Quando o homem escreve "Você é muito bonita. Temos muita coisa em comum. Está nesse site há muito tempo? Gosta daqui? Veja o meu perfil e diga o que acha", não fale do perfil dele nem de todos os seus interesses comuns. É claro que pode ler o perfil dele, mas não diga que fez isso porque demonstra interesse demais. Em vez disso, escreva um genérico "Obrigada. Você parece interessante!". Assim vai forçá-lo a dizer alguma coisa assim: "Vi que você gosta de comida italiana. Tem algum restaurante preferido?" Então você pode escrever de volta: "Gosto de tal e tal restaurante." Ele pode ir direto ao assunto e escrever: "Quer se encontrar comigo lá uma noite esta semana?" Se você se alongar nos seus interesses e nos interesses dele, falar do tempo que está online e quais foram as suas experiências, ficarão conversando online para sempre. Se ele tem tantas perguntas para fazer, pode levá-la para tomar uns drinques!

Lembre que é melhor nunca parecer que vive namorando online! Você é muito ocupada e tem outras coisas para fazer na vida. Por isso, além do tempo de espera para responder, o fim de semana é zona morta aqui também. Se o homem entra em contato com você sexta-feira às sete da noite, não responda quatro horas depois. Espere até domingo à noite.

Eis algumas outras *regras* importantes:

- **A segurança vem primeiro.** Os homens online são desconhecidos, por isso nunca use seu nome completo, nem o nome da empresa em que trabalha no seu apelido de perfil. Você é BancáriaLoura, não ChelseaJones@gmail.com, ou CJones@NatwestBank.com. Não especifique onde mora, ou onde trabalha. Pode dizer que é corretora de imóveis, mas evite dizer que trabalha na MiamiRiches Realtors na Flórida. No primeiro encontro, marque em algum lugar público, como uma Starbucks, ou para drinques em um restaurante perto da sua casa. Diga para uma amiga onde está e peça para ela ligar ou enviar mensagem de texto depois de uma hora, só para garantir. Não entre no carro dele, nem deixe que entre no seu, por mais louca que a química seja. E não vá para a cama com o cara imediatamente. Se não se conheceram no trabalho ou por intermédio de amigos, então você não o conhece mesmo, por isso tenha cuidado!

- **Desligue o aplicativo de mensagens instantâneas** no site de namoro online, se tiver um, para não ficar tão acessível e para ele não poder vê-la quando estiver usando o site. Mantenha o mistério!

- Se um homem que você conheceu online continuar a entrar em contato com você e convidá-la para sair por e-mail, mesmo depois do primeiro encontro, não sugira "passar para o telefone". Paquera é paquera. Se ele não gosta de telefone, você tem de se acostumar com isso, ou parar de vê-lo. Além do mais, você já sabia desde o início que ele era adepto das últimas tecnologias.

- Se um homem der o número do telefone dele para você, mas não pedir o seu, você pode responder: "OK, ótimo, e o meu número é..." O único modo de saber se um homem está a fim de falar com você é quando *ele* liga para você.

- Filtre os homens sem informações ao consumidor. Se ele não publicar uma foto, peça para ver uma quando responder à mensagem dele. Não marque encontro com um homem que não lhe enviou uma foto. Você não está sendo superficial, é ele que é desconfiado. Também evite os homens que falam de sexo nas mensagens do perfil. Cuidado com os que enviam cartas vagas ou padrão que não mencionam nada específico do seu perfil.

- Não tenha um relacionamento tipo Romeu e Julieta online com homens que nunca viu na vida. Se um homem não a convidou para sair depois de quatro e-mails, é um relacionamento virtual de fantasia, por isso siga em frente. Como é que uma mulher pode se apaixonar e até acabar um namoro com um cara sem ao menos conhecê-lo? Algumas mulheres conversam com homens desconhecidos entediados ou solitários, mas juram que têm laços de alma profundos com eles. Para ter uma conexão mesmo, vocês precisam se encontrar. Paquera e namoro raramente são como o filme *Sintonia de amor*!

- **Não desmanche o seu perfil até ter um relacionamento exclusivo e só depois que ele removeu o dele.** Se ele disser para você que "ainda não lembrou de desfazer o dele", não acredite! Esse tipo está sempre vendo o perfil de outras mulheres, apesar de professar monogamia com você. Então continue a paquerar e a sair!

- **Por fim, e não menos importante, só saia do site de namoro quando encontrar o que está procurando.** As mulheres resolvem "dar um tempo" da Match.com ou da eHarmony, ou resolvem não renovar quando a assinatura de seis meses da JDate.com expira. Isso é loucura! A que tipo de coisa você precisa dar um tempo? A encontrar o seu futuro namorado? Você pararia de verificar nos sites de ofertas de trabalho se não tivesse encontrado um emprego? É, sabíamos que não! Claro que você pode dar um tempo não respondendo seus e-mails durante alguns dias, mas se realmente quer conhecer um homem, mantenha seu perfil lá pelo tempo que for necessário, além de sair uma ou duas vezes por semana. É preciso estar lá para ganhar. Não abandone o jogo!

REGRA 19

Não pague o jantar nem compre o amor dele de jeito nenhum

As mulheres que fazem demais, ou dão demais num relacionamento são tema de livros inteiros de autoajuda. Vamos poupar o seu tempo de lê-los dizendo que, se você tiver de fazer mais para um homem gostar de você do que aceitar convites para sair, então está fazendo demais! É ato desesperado e nada de acordo com as *regras* combinar um encontro no meio do caminho entre vocês, pagar o jantar, levá-lo numa viagem de férias, ou comprar o amor dele de qualquer jeito. Comprar presentes para ele e dividir o gasto com transporte são coisas "simpáticas" que as mulheres usam para ter crédito com os homens, mas não servem para fazer com que ele se apaixone! As mulheres que exageram nisso estão mimando os homens, mas nós sabemos que os homens realmente desejam as mulheres que não se esforçam nada. Pior ainda, é manipulação. Você está tentando tornar tudo mais fácil para ele na hora de estar com você. Uma mulher que segue *As regras* não precisa dar ao homem um motivo para estar com ela "jogando o laço" com frequentes milhas de viagens ou cartões de crédito. O motivo *é* ela!

Se você oferece demais no início de um relacionamento, o homem percebe e perde o interesse. É mais uma maneira de se transformar na perseguidora e torna óbvio que você gosta dele. Os homens têm seu orgulho e não querem ser sustentados, mesmo que no início aceitem a generosidade de uma mulher. Brenda, diretora de uma firma, 35 anos de idade, estava saindo com o seu professor de ioga. Deixava que ele ficasse no apartamento dela no Centro nas noites em que trabalhava até tarde, esperando que isso levasse a um namoro sério, exclusivo. Depois de algum tempo, ela sugeriu que ele morasse lá para não ter de viajar para os bairros distantes (na verdade, para poderem estar juntos com mais frequência). Poucas semanas depois de começarem a morar juntos, Brenda encontrou mensagens de texto para outra mulher no celular dele. Quando cobrou isso dele, ele declarou: "Eu nunca disse que tínhamos um compromisso. A ideia de morar junto foi sua, não minha." Ele nem ao menos agradeceu a hospedagem de graça! Brenda ligou histérica para nós, chorando, porque achava que ele era "o cara". Dissemos para ela mandar o cara fazer as malas imediatamente. Mais importante ainda, dissemos que ela não tentasse atrair nem prender um homem com o dinheiro dela, suas posses ou mordomias e privilégios e, especialmente, não para manter um relacionamento. Nunca funciona!

Não é segredo nenhum que hoje em dia algumas mulheres ganham mais do que os homens com quem estão saindo. Algumas delas não consideram nada de mais usar seu dinheiro e influência para manter o interesse de um homem. Temos clientes em posições de poder, ou algumas que dirigem a empresa da família e que procuram arrumar emprego para homens que acabaram de conhecer nas firmas delas ou na firma do pai. Não é uma boa ideia! Se obtiver uma entrevista ou um emprego para ele, nunca saberá se ele está namorando você por causa dos seus contatos, ou porque realmente gosta de você. A única maneira de saber é não dando *nada* para ele.

E esse nada significa não pagar as coisas, não prestar favores como oferecer as mordomias do seu trabalho, sejam quais forem. Se o homem com quem está saindo disser que não tem dinheiro para levá-la para jantar em bons restaurantes, diga: "Tudo bem!" Ele pode levá-la a algum lugar mais barato, ou ter alguma outra ideia criativa. Não reaja se oferecendo para pagar. Se ele pedir dinheiro emprestado para poder oferecer coisas boas para você, diga simplesmente que não tem.

Randi, optometrista de 29 anos, estava saindo com um escritor sem dinheiro chamado Michael. Ela pagava os jantares e também emprestava dinheiro para pagar o aluguel dele. Michael terminou o namoro depois de um ano quando coincidentemente assinou o contrato de um livro com seis dígitos, dizendo que não estava preparado para um compromisso sério. O quê? Ela gastara quase 5 mil! Randi queria enviar um e-mail para ele pedindo que ele pagasse o que devia, mas dissemos para ela esquecer e seguir em frente. Ela podia vender o colar que ele dera. Até soubemos de mulheres que emprestaram dinheiro para homens e os processaram para que lhes pagassem quando o relacionamento acabou. Isso pode ser escandaloso e desagradável, para dizer o mínimo. Não faça isso!

Ele pode ter sido mimado por outras mulheres que dividiam tudo, mas isso não é problema seu! Ou ele pode dizer que a ex-namorada era caçadora de tesouros e que ele não quer ser usado de novo, por isso é tão cauteloso com o dinheiro. A isso responda apenas com desculpas e continue evitando pagar qualquer coisa de mais valor. Os homens são muito ardilosos quando procuram aventuras gratuitas... Não caia nessa! Você não precisa terminar com ele se todo o resto funciona, mas precisa mostrar silenciosamente que não vai ser mãe dele. Não é por causa do dinheiro, é pelo fato de que o homem precisa ir atrás de você, senão não lhe dará valor. Se você começar a pagar, é capaz de sentir uma virada de jogo no relacionamento.

As mulheres podem ser generosas de muitas maneiras. Compram um relógio ou um iPad para ele. Conhecem o apartamento dele e resolvem que ele precisa de uma televisão maior. Elas se transformam na generosa decoradora de interiores e deixam suas impressões digitais em toda a casa dele, de modo que ele lembre de *suas* taças de vinho e argolas de guardanapo. Ou então vasculham o armário dele e resolvem que ele precisa de um terno novo, ou de um bom casaco de couro. Compram para ele uma gravata cara, ou abotoaduras com monograma para a reunião anual com o chefe dele. Se elas vão fazer uma viagem de negócios, ou se têm milhagens sobrando em voos, pagam para ele ir junto. Se trabalham numa empresa que oferece muitas mordomias, convidam para coquetéis e jantares caros, e contratam uma firma para ir pegá-lo em casa. É claro que ele adora todos os presentes e luxos que ela proporciona, mas isso não significa que ele adore a mulher. Siga o nosso conselho, poupe o seu dinheiro e a sua generosidade de esposa para quando estiverem casados. Depois do casamento, você pode decorar seu ninho de amor, comprar presentes para ele, torná-lo seu acompanhante em viagens a trabalho e nas festas, mas não enquanto estiverem namorando.

Presentes para ele

Tivemos de consultar um pouco nossas mães para falar sobre isso. Concordamos que é importante não comprar o amor de um namorado, mas não podemos dar algo legal para ele no seu aniversário? Os aniversários são um dos únicos dias do ano em que dar não é só estimulado, é o que se espera – e ninguém quer ser conhecida como a namorada que não deu algo legal para o namorado. Escolher o presente perfeito pode ser muito estressante! O óbvio que devemos evitar é qualquer coisa extravagante (como um novo iPod, ou um relógio caro), e também qualquer coisa megamelosa (deixe seu material de álbum de recortes trancado!). No final do dia é sempre melhor dar alguma coisa atenciosa que não quebre a banca: uma camiseta do time esportivo dele, o DVD de um filme que ele adora, um jantar especial em um restaurante, ou até uma refeição romântica feita em casa! Você não precisa gastar muito para mostrar que gosta dele.

– *Filhas que seguem As regras*

Se você está namorando sério há muito tempo, pode pagar pequenas coisas eventualmente. Por exemplo, se o seu namorado vai levar você para jantar e assistir a um show, você pode pagar drinques para ele, ou levá-lo a algum lugar bom para comer a sobremesa. Se ele estiver doente, pode levar canja de galinha para ele na cama e uma série de remédios para gripe. Mas nos costumeiros jantares de sábado à noite, é ele que deve pagar a conta.

Se um cara insiste para você viajar com ele, mas espera que você divida o gasto com a viagem, diga "Obrigada, mas não posso tirar uma folga" e recuse. Aviso ao consumidor: ele pode não estar apaixonado por você, pode estar apenas procurando uma companheira de viagem para se divertir. E se vocês estiverem saindo há um tempo e ele a convidar para viajar e estiver realmente empolgado com isso? Às vezes sair com um cara e viajar exigem negociações rígidas! Depois que ele concordar com uma data que seja boa para você – não mais do que quatro dias – deixe que ele planeje a viagem, que tome todas as providências e que use o cartão de crédito *dele*. Se ele pedir para você pagar alguma coisa, ou se você achar correto contribuir, escolha uma coisa, como sua passagem de avião, e pague apenas isso. Por exemplo, se ele convidá-la para um cruzeiro de quatro dias, você pode pagar as excursões em terra. Nunca ponha a viagem inteira (passagens, hotel, restaurantes) no seu cartão de crédito, pensando que ele vai reembolsá-la dessa despesa, já que às vezes é constrangedor ou impossível ter seu dinheiro de volta. Às vezes o homem tem problemas de trabalho repentinos, ou contas a pagar logo depois da viagem, e você se sentirá cruel de pedir que lhe devolva o dinheiro, especialmente se ganha mais do que ele, ou se ele vive de bolsa e você não. (Tirando o dinheiro, o outro motivo para não viajar por uma semana ou mais é que a familiaridade gera o desprezo. Guarde *essa* viagem para a sua lua de mel.)

Dinheiro e bens materiais não são as únicas coisas que as mulheres usam para tentar atrair um homem e para se infiltrar na vida dele. Elas enviam poesias por e-mail, colagens de todos os lugares em que estiveram e se tornam torcedoras nos eventos esportivos que ele frequenta. Elas tentam consertar a briga que ele teve com o pai. Bancam terapeutas quando ele teve um dia ruim, ou quando ele quer falar da ex-namorada. Você se identifica com isso?

Se você é uma pessoa generosa, então ajude seus amigos ou descubra uma obra de caridade e faça trabalho voluntário lá. Mas não use essa sua qualidade como desculpa para fazer ou comprar coisas para o homem com quem está saindo, porque estará se colocando em posição de ser usada ou magoada. Dar dinheiro para ele regular o carro, limpar o apartamento dele, conseguir uma entrevista para ele na sua firma de advocacia... Tudo isso é demais. Você não deve ter de se esforçar tanto para obter o interesse do homem. Uma mulher que segue *As regras* não precisa comprar o amor ou a atenção de um homem. Se você está fazendo mais do que sair com ele e ser uma criatura diferente das outras (CDO), então está fazendo além da conta!

REGRA 20

Não escolha um curso, ou um emprego,
nem se mude por causa de um cara

Há muitos fatores que contam quando você escolhe a faculdade, a carreira ou a cidade certa para você. Resolver onde vai estudar, trabalhar ou morar baseada unicamente no seu namorado ou na sua paixão pode ser um erro enorme e dispendioso. Mulheres de todas as idades podem sucumbir a essa tentação. Isabella, advogada de 35 anos, conheceu Mark, de 38, na firma de advocacia em que ambos trabalham, quando ele chegou de San Francisco na sede em Chicago para trabalhar num caso especial. Mark, que tinha a reputação de conseguir tudo que queria, ficou encantado assim que conheceu a bela e alta morena. Tratou logo de viajar para Chicago duas vezes por mês, para ficar quatro dias contando com fins de semana, só para vê-la. Tiveram uma paquera louca: montes de mensagens de texto todos os dias, e-mails, sessões no Skype, jantares e joias. Depois de seis meses, Mark pediu para Isabella se mudar para San Francisco para poder conhecê-la ainda melhor e insinuou alguma coisa sobre alianças e proposta de casamento. Isabella caiu na conversa do seu príncipe encantado.

Sem pensar duas vezes, ela vendeu seu apartamento, largou a família e os amigos, aceitou a transferência para o escritório de San Francisco e um cargo menos importante, e foi viver com Mark. Por todas as concessões que fez, ela imaginou que Mark a pediria em casamento depois de um ou dois meses. Mas, após seis meses morando juntos, sem aliança ou pedido, Isabella começou a ficar deprimida e zangada. Tinha poucas amigas e nenhum casamento para planejar. Mark passou a trabalhar até mais tarde porque era um dos candidatos à vaga de sócio da empresa. Toda vez que ela tocava no assunto do noivado, Mark se irritava e dizia: "Para que a pressa? Vamos com calma. Além disso, você não parece mais a mulher que eu conheci." A discussão enfurecia mais ainda Isabella. Ela disse para ele: "Estou assim porque você ainda não me pediu em casamento." E, para eles, virou uma guerra saber quem veio primeiro, o ovo, ou a galinha. Não saíam do lugar.

Quando Isabella nos procurou chorando, não ficamos surpresas de saber que não tinha dado certo. Explicamos que quando você se muda para a cidade de um homem sem um compromisso formal com ele (aliança e data do casamento marcada), o homem fica sem estímulo para casar (certamente a sua avó já disse alguma vez: "Para que comprar a vaca, se você já tem o leite de graça?"), enquanto você fica furibunda de ter virado sua vida de cabeça para baixo por nada. Sugerimos que Isabella dissesse para o Mark que não ia mais morar com ele sem uma aliança e casamento marcado, e para começar a fazer as malas se ele não fizesse o pedido. Ele ficou zangado e disse que se recusava a encarar uma arma apontada para a cabeça dele. Isabella saiu de lá o mais depressa possível e voltou para Chicago. E nunca mais ouviu falar de Mark. Perdeu um ano da vida por um homem que não queria casar com ela. Então, por mais que a mudança seja excitante, não seja impulsiva.

É claro que Isabella não é a primeira mulher que trabalha a desperdiçar tempo com mudanças para ficar com o namorado. Mas em geral são as universitárias que não pensam duas vezes e mudam de universidade, ou se mudam para ficar com os namorados sem nenhum compromisso. Além de prejudicar a sua educação, ou carreira futura, pedir transferência para uma universidade para ficar mais perto do namorado transforma você na perseguidora e às vezes parece até assédio, vigilância. A maioria dos rapazes universitários quer sua liberdade. Não estão prontos para casar. Querem viver experiências e se divertir, não ficar grudados em você. Se você seguir um cara para a universidade dele, ele pode ficar claustrofóbico e largar você.

Conversamos com mulheres jovens que tomaram a terrível decisão de seguir seus namorados ou paixões na universidade e que depois se arrependeram. Elas desistiram dos sonhos acadêmicos e da autoestima para se arrastar por centenas de quilômetros de distância, e acabar vendo os caras terminarem com elas nas férias da primavera, ou nas provas finais. Não há nada mais constrangedor e embaraçoso do que dar de cara com o seu namorado no campus com sua nova paquera!

Ashley e Dylan estavam juntos desde o primeiro ano do ensino médio. Dylan tinha tomado a iniciativa de abordá-la e perguntou se ela queria estudar junto com ele. Quando chegou a hora de escolher as universidades, Ashley queria ficar na mais próxima, mas Dylan quis ir para uma a quase quatro mil quilômetros dali, especializada em medicina esportiva, apesar do interesse dela em nutrição. Ashley convenceu os pais dela a deixá-la tentar entrar para a universidade de Dylan, mas a reação de Dylan não foi muito entusiástica: "Tem certeza de que quer fazer isso? Não vai sentir falta dos seus pais? Vocês são tão próximos..." Esse era o código dos homens para "Não venha atrás de mim, sou jovem e ainda quero namorar outras meninas". Mas Ashley achou que ele estava apenas sendo educado e resolveu ignorar aquela bandeira vermelha. Tinha muito medo de perder Dylan para outra menina se o relacionamento deles passasse a ser de longa distância e estava decidida a fazer aquilo funcionar. "Não se preocupe, envio mensagem de texto para eles todos os dias", ela disse ao namorado.

Na universidade, Ashley nunca deixava Dylan fora de vista. Vivia enfiada no quarto dele, querendo descobrir como se livrar do companheiro de quarto dele. Seguia Dylan para a cantina no café da manhã, no almoço e no jantar. No aniversário de Dylan, ela lhe deu um cartão especial e um vale de cem dólares de presente, para que ele comprasse o que quisesse numa loja de artigos esportivos. No aniversário dela, um mês depois, Dylan rabiscou "Feliz Aniversário" com uma caneta nas costas da folha de dever de casa de matemática e prometeu dar-lhe "algo especial" logo.

Três meses depois, Ashley convidou Dylan para o jantar do Dia de Ação de Graças na casa dos pais dela, mas ele disse que ia comprar uma passagem de ônibus para visitar um amigo numa universidade próxima. Ashley se sentiu rejeitada e disse que talvez fosse melhor terminar o namoro, com a esperança de que ele a convencesse do contrário. Em vez disso, ele disse "Também acho". Chocada, Ashley começou a espionar o mural de Dylan no facebook à procura de pistas, e chegou à conclusão de que o "amigo" dele era a ex-namorada e que os dois tinham voltado a namorar. Ashley foi para casa no Dia de Ação de Graças soluçando. Os pais dela a convenceram a se transferir para uma universidade local para fazer nutrição, como tinha planejado no início. Nunca dá bom resultado seguir um cara na universidade. Nós conversamos com os rapazes e eles disseram: "Não façam isso!" Um deles disse que teve de terminar com uma garota para ela não pedir transferência para ficar junto com ele. Tinha apenas 21 anos e não queria se comprometer com ninguém. Não queria que ela saísse do seu caminho por ele. Se você não quiser sofrer, nem se sentir humilhada por parecer que está perseguindo um homem, não o siga para lugar nenhum! Só funciona se ele for atrás de você. Deixe que ele a persiga indo para onde você está, ou de qualquer outra forma que já tratamos nesse livro.

Eis outra história verdadeira, mas com um final diferente.

Emily e o namorado Jake estavam juntos durante os três anos do ensino médio. Ele era um ano mais velho e escolheu ir para uma universidade próxima. Emily queria fazer a mesma coisa, mas os pais dela não concordaram. Queriam que ela fosse para outro lugar para ter mais experiência de vida e para expandir sua vida social.

Emily ficou tão aborrecida depois de se despedir de Jake em agosto que nem falou com os pais durante a viagem de quatro horas de carro até a universidade. No fim das contas, os pais dela tinham razão. Ela arranjou uma excelente companheira de quarto, entrou para uma irmandade, fez novos amigos e adorou estar longe de casa. Jake sentia tanta falta dela que publicava no mural dela do facebook e enviava e-mails todos os dias. Ele também sugeriu sessões no Skype toda noite, às 9 horas, para ter certeza de que ela estava no quarto do dormitório e não saindo com outros caras. Ele a visitava de 15 em 15 dias e se encontrava com ela em todos os feriados. Com o tempo, ele ficou tão cansado de ficar viajando e de estar longe que pediu transferência para a universidade *dela*. Logo depois da formatura, pediu Emily em casamento. Hoje estão casados e felizes.

No caso da Emily, os pais seguiram *As regras* por ela quando não permitiram que ela seguisse Jake. Se não tivessem feito isso, será que Jake ia se esforçar tanto para estar com ela? Ele se sentiria sufocado e confuso se ela fosse para a universidade dele? Estariam casados hoje se Emily tivesse facilitado para ele? Provavelmente não!

Se você está pensando em ir para a mesma universidade do seu namorado, ou numa mudança para ficar com ele por qualquer motivo, não faça isso. Você pode estragar sua vida acadêmica, sua carreira, e perder muito tempo, dinheiro e energia, além de perder o cara de qualquer maneira. Até estar casada ou com tudo marcado, você é a pessoa mais importante na sua vida, e os *seus* sonhos e objetivos devem ser os fatores preponderantes na escolha do lugar para onde você vai.

REGRA 21

Não fique bêbada nos programas nem nas festas para não dizer ou fazer qualquer coisa da qual se arrependa depois

Detestamos dizer isso, mas sabemos que beber é um rito de passagem. Em muitas universidades, especialmente as que têm as casas das irmandades e times de futebol, as festas antes dos jogos e as que acontecem depois, no estacionamento, são a moda. Beber também é um ótimo lubrificante social depois da universidade, em grupos com interesses comuns e eventos profissionais. O álcool acaba com as inibições e mantém os diálogos. Nós entendemos. Achamos ótimo se você consegue beber um drinque ou dois, e agir de acordo com as *regras*. Mas se não pode beber sem adotar comportamento constrangedor e/ou começar uma briga com um cara, então beber não serve para você.

Beber muito e sair com um homem não combinam. Quando você está sob a influência do álcool, acaba tomando decisões prejudiciais que não tomaria se não estivesse nesse estado, como aceitar convites de madrugada para transar, com ex-namorados e até homens casados. Você pode dormir com um cara que acabou de conhecer porque a parte do seu cérebro que diz "Isso não é uma boa ideia" não funciona se bebeu demais. Conversamos com dezenas de mulheres que disseram que o álcool arruinou suas vidas de namoro, tanto dentro da universidade, como fora. É óbvio que é quase impossível seguir as *regras* quando seus limites se tornam imprecisos, ou inexistentes. Em vez de ter um encontro leve e solto, você vira do avesso porque está bêbada. Em vez de conversar sobre a faculdade, o trabalho ou cinema, no primeiro encontro, você se debruça para beijar um cara e diz que gosta muito dele. Quando você bebe demais, esquece definitivamente de olhar para o relógio e de terminar tranquilamente o programa primeiro, depois de duas horas. Com taças de vinho a mais no primeiro ou segundo encontro, você já pode ter contado para ele a sua vida inteira, inclusive o motivo do seu ex-namorado tê-la deixado. Não existe nada pior do que a sensação quando ficamos sóbrias horas depois e não acreditamos no que dissemos... ou fizemos! Mulheres que tomam porres embaraçosos não costumam ficar sabendo dos caras depois, a não ser em ligações para transar às duas da madrugada, mesmo se foi a primeira vez que agiram dessa maneira. O homem vai concluir que o que você faz com ele faz com qualquer outro. Ter essa reputação de bêbada que vai para a cama não é bom. Falamos com universitários e outros de fora, e todos disseram que mulheres que se embebedam não são nada excitantes, pelo contrário.

Achamos que basta um drinque num encontro. Ouvimos de clientes que beberam apenas dois drinques num jantar "para acalmar os nervos" e que acabaram dizendo ou fazendo coisas das quais se arrependeram. Gostem ou não, o álcool muda o nosso comportamento. Alana, de trinta e poucos anos, contou que toda vez que bebe mais de uma taça de vinho, acaba provocando brigas com o homem que namora há nove meses, acusando-o de se interessar pela secretária. Diz para ele: "Tem certeza de que não fica no trabalho até tarde para estar com ela?" Uma vez chegou a bater nele, apesar de ele ter dito "Eu amo você", e de falar sobre o futuro. Mas quando Alana está sóbria, é doce e esse outro lado dela não aparece. O álcool pode funcionar como o soro da verdade, faz com que você revele coisas que devem ficar em um diário, ou numa consulta sobre as *regras*! Se beber faz com que você acabe com a timidez e dance sobre a mesa, ou provoque brigas bobas de ciúme com um homem, então não pode beber nos encontros.

Gabby, 29 anos, teve encontros desastrosos porque bebia sem controle. Disse que bebia qualquer coisa para se livrar da inibição e ter uma sensação boa. Passava muito mal, vomitava, desmaiava, ou acabava na cama de algum homem. Muitas vezes de manhã não conseguia lembrar o que tinha acontecido, ou lembrava e se escandalizava com o próprio comportamento. A cada cara que conhecia, ela pensava "Dessa vez vai ser diferente", mas nunca era. Beber e transar era tudo que fazia aos vinte e poucos anos porque era jovem e se achava invencível. Mas depois de mais alguns desmaios, transas humilhantes e um sério acidente de carro, tudo isto representou um sinal de alerta e um peso na consciência. Enquanto estava se tratando do alcoolismo, ela leu *As regras*, seguiu e conheceu o homem que se tornou seu marido. Agora ela sabe que as drogas realmente comprometem sua capacidade de tomar decisões em relação aos homens. Gabby ficou feliz de compartilhar sua história conosco, para que outras mulheres possam aprender com o seu erro.

A bebida e outras drogas em geral são usadas para amortecer sentimentos dolorosos e baixa autoestima ("não sou bonita", ou "será que um dia eu vou me casar?"). Por isso, se quiser ficar mais tranquila e não consegue controlar o seu consumo, é melhor

*Tenha cuidado com o estupro
dos primeiros encontros*

Controlar o que bebe pode impedir situações embaraçosas e também protegê-la num programa. No campus se ouve falar de estupro nos primeiros encontros com muita frequência. Histórias de mulheres que beberam demais e sofreram sérias consequências. Se você resolver beber, seja inteligente. Podem pôr uma pílula de boa-noite Cinderela na sua vodca com soda – e basta uma – e às vezes o cara nem precisa da droga para se aproveitar. A mulher que segue as *regras* tem de estar preparada. Jamais se ponha numa situação de isolamento com um cara que acabou de conhecer. Tome nota de quantos drinques você bebeu naquela noite. Evite beber ponche numa festa em que talvez conheça todos os presentes, mas *não* sabe quanto álcool puseram na mistura, ou se alguém achou que seria engraçado "animar mais a festa". Observe sempre quando estão servindo a sua bebida, ou faça questão de abrir as latas e garrafas você mesma. E se estiver num programa com amigos, peça que algumas das meninas vigiem sua retaguarda. O sistema de amigos não vale apenas para crianças! Se algum homem esquisito tentar levar vantagem, *terá* de encarar a sua tropa, e aí ele é que vai sofrer as consequências.

– *Filhas que seguem* As regras

enviar mensagem de texto para suas amigas ou a sua terapeuta e contar o que está sentindo. Compreendemos que queira se soltar e se divertir, mas não há nada de divertido num desmaio e numa transa com um desconhecido. Se não é capaz de beber com classe, então peça um refrigerante ou água com gás. Se não puder beber e seguir as *regras*, então não beba nada!

REGRA 22

Alerta ao consumidor... Separe o joio do trigo (falsos, viciados, jogadores e desperdício de tempo)

Caveat emptor é uma expressão em latim que significa "cuidado, comprador". Mas não se aplica apenas às decisões quanto a mercadorias. Aplica-se também em relação aos homens. O que você vê é o que vai ter. *As regras* não servem apenas para fisgar um homem, e sim alguém de bom caráter em quem você possa confiar, que poderá ser um bom namorado ou futuro marido. Por outro lado, chamamos os homens com caráter ou comportamento questionável ou inaceitável de "alerta ao consumidor", e dizemos para as mulheres tomarem cuidado, ou fugirem correndo.

Simplificando, as mulheres que seguem *As regras* não aceitam mau comportamento. O amor pode ser cego, mas quem segue *As regras* não é surda nem muda. Quando você está saindo com um cara, precisa ficar atenta para as bandeiras vermelhas logo no início, para não descobrir cinco ou seis meses depois que ele não é o cara para você. Um dos motivos que nos leva a dizer para as mulheres falarem e enviarem menos mensagens de texto é para que elas ouçam e leiam mais e observem o que pode ser bom e ruim nos homens. Nessa era digital, as mulheres podem descobrir mais depressa se ele é um cara bom ou um mentiroso, viciado, jogador ou um desperdício de tempo. O homem que chamamos de alerta ao consumidor não reage bem *Às regras*. Ele não liga nem envia mensagem de texto com antecedência para marcar os programas, fica semanas sem falar, às vezes esquece o seu aniversário, insiste em dividir a conta, cancela os compromissos, paquera outras mulheres, fica bêbado, confunde você com jogos de palavras e torna sua vida um inferno.

As mulheres sempre nos perguntam: "Como posso saber se o meu namorado está me enganando?" Se você precisa perguntar isso, talvez tenha de fazer um certo trabalho de detetive. Alguma coisa parece que não se encaixa. Talvez ele receba muitos textos quando vocês estão juntos, e não diga nada sobre eles. Ele pode ter uma senha no celular, ou nunca o perde de vista, o que é um comportamento estranho se vocês têm um relacionamento tranquilo e íntimo. Quando chega uma mensagem de texto no celular dele, ele age como quem quer esconder alguma coisa.

Naturalmente nossas clientes querem saber se podem espionar as mensagens de texto, as mensagens privadas no facebook e os e-mails dele. Essa é uma decisão muito pessoal e talvez seja melhor ter uma resposta definitiva agora do que ficar desconfiada e só descobrir mais tarde. É claro que na hora que uma mulher está verificando, ou até pensando em espionar o laptop ou celular do namorado, ela já sentiu que há alguma coisa errada. Às vezes tem sorte, a prova simplesmente cai no seu colo e ela não precisa espionar. Ele pode deixar o celular na mesa quando for tomar uma ducha, ou sair para correr. Ou esquece de sair da conta dele do facebook no laptop dela. Se ela encontra mensagens de texto ou e-mails incriminadores para outra mulher, debatemos se é melhor confrontá-lo com isso ou acompanhar o comportamento dele por um tempo para não ter dúvida nenhuma de que ele andou traindo. Costumamos pensar que é melhor não confrontar o homem de cara, por dois motivos: você precisa se acalmar e necessita de mais provas.

Mas não esqueça que o homem que trai em geral é mentiroso também. Quando uma cliente finalmente confronta o namorado com uma série de mensagens de texto, ele nega que a outra mulher existe, ou diz "Ela é só uma amiga", ou então "É a minha personal trainer". Muitas vezes o homem reage atacando a namorada, dizendo "Você está maluca", ou "Está paranoica" ou, pior ainda, "Ler as minhas mensagens é tão ruim quanto eu enviá-las". Espionar não é nada para se orgulhar, concordamos. Mas trair e enganar é muito pior. Quando ele começar a culpar *você* pelas traições dele, então você saberá com certeza que é um alerta ao consumidor e que o relacionamento acabou!

Nessas situações, quase sempre é melhor terminar o namoro e não olhar para trás, já que enganar e trair é motivo para isso e sempre se deve levar muito a sério. Mas algumas mulheres ficam tão apaixonadas, ou sofrem tanto com isso, que não conseguem nem pensar em terminar o relacionamento e querem dar uma segunda chance para ele. E vem a obsessão de conquistá-lo de volta a qualquer custo. Chegam a perguntar para ele o que faltou no relacionamento e procuram ser mais divertidas, ou fazem alguma coisa que ele queria, seja o que for, só que nada disso costuma funcionar. Quem nasceu dissimulado, será sempre dissimulado. Mesmo se o namorado parar de se encontrar com a outra mulher e retomar o namoro, você vai passar o tempo todo verificando o celular dele para saber o que ele anda aprontando. Será um inferno. No entanto, as suspeitas nem sempre resultam em um farsante. Tivemos clientes que tinham pais que enganavam as mães ou ex-namorados que as enganavam e que por isso se convenceram de que todo homem é infiel. Nós as ajudamos a ver, em consultas sobre a infância delas e o histórico de namoros, que suas suspeitas nem sempre se confirmavam. Às vezes aquilo só existia na cabeça delas. Casey, que teve um caso com um homem casado antes de se casar, muitas vezes imaginava se o marido paquerava outras mulheres que conhecia em almoços de negócios. Mas ela não encontrou prova alguma em quatro anos, e nós concluímos que suas suspeitas tinham mais a ver com o próprio carma do que com o comportamento dele. Do mesmo modo, se o seu namorado traiu a ex-namorada ou ex-mulher, você pode ficar com medo de que ele venha a trair você também, mas isso não é necessariamente verdade. Elas não devem ter seguido as *regras*, mas você segue. Mesmo se o seu namorado enganou uma ex, deverá ser fiel a você se você seguir *As regras*.

Às vezes a mulher reclama que o namorado é um alerta ao consumidor e o problema é que ela está cumprindo as *regras* com rigidez demais. Por exemplo, ela é rude em vez de dizer que está ocupada, ou inatingível em vez de simplesmente difícil de encontrar. Cindy estava namorando um jogador famoso e achou que recusar um programa sábado à noite uma vez por mês ia deixá-lo ainda mais apaixonado. As únicas causas para recusar um convite são se ele se comporta mal, cancelando compromissos ou faltando em uma ocasião especial (ou, claro, se você estiver realmente ocupada). A jogada dela não fez com que ele se apaixonasse mais. Ele ficou confuso. Tão confuso que acabou tomando um porre e enviando mensagem de texto para a ex-namorada. Cindy sentiu que havia alguma coisa errada quando se encontraram de novo. Verificou o celular dele e viu as trocas de textos. Resolveu confrontá-lo e ele explicou que, quando ela disse que estava ocupada, ele teve certeza de que ela estava saindo com outro. Foi um grande mal-entendido e os dois agora estão noivos. Exagerar *As regras* pode dar errado se não for feito direito. *As regras* já são bem rígidas.

Por falar em jogadores, esses paqueradores não são necessariamente do tipo alerta ao consumidor. Às vezes são apenas homens que nunca conheceram uma mulher que seguisse *As regras*. Eles foram mimados pelas mulheres que ligavam e enviavam mensagens de texto para eles, ou que se encontravam com eles sem combinar antes, ou que iam para a cama com eles cedo demais. Quando esses caras conhecem uma mulher que segue *As regras*, costumam se surpreender favoravelmente porque respeitam uma mulher que tem limites e autoestima, e adoram um bom desafio. Um mulherengo famoso pode ser fisgado, sim, por uma mulher que segue *As regras*. Mas alguns tipos desses jogadores reagem bem um mês ou dois e depois ficam furiosos porque você não sai com eles com um convite de última hora, nem viaja com eles por uma semana. Eles a culpam por não ser mais disponível. Alguns até terminam o namoro e sugerem que vocês sejam amigos. Esses são incorrigíveis, ou apenas não estão prontos para se comprometer. Próximo!

Quais são os outros homens alerta ao consumidor?

- **Homens que terminam o namoro por qualquer motivo.** Se ele terminar com você uma vez, pode terminar de novo. Os homens que largam você ou que gritam "Está tudo acabado!" tendem a magoá-la assim outras vezes. Você devia pensar "Já vai tarde" em vez de "O que faço para tê-lo de volta?". Seu namorado nunca deve querer deixar de estar com você.

- **Homens que só querem ser amigos.** Um homem que sugere ser amigo depois de vocês terem ido para a cama, conhecido amigos e família um do outro e compartilhado momentos especiais é um grande alerta ao consumidor. Ele está *rebaixando* você, por isso não se sinta lisonjeada se ele diz que quer continuar sendo seu amigo no facebook e lhe enviar mensagens de texto. Não saia para almoçar com ele, não responda às mensagens dele, bloqueie-o definitivamente no facebook e em todos os outros tipos de redes sociais. Ele só vai desperdiçar o seu tempo, tempo precioso que você devia usar para conhecer outros homens que a convidem para sair. Se você encontrar algum ex que queira apenas ser seu amigo na universidade, no trabalho ou no seu círculo social, não se dirija a ele primeiro, seja educada se ele falar com você e siga em frente.

- **Homens que cancelam compromissos mais de uma vez.** Você pode gastar anos com um homem que está sempre remarcando! Leia a *Regra 24* para ver os detalhes sobre esse tipo de homem.

- **Homens que não dão continuidade.** Jill, aluna do último ano, foi paquerada em uma boate por um cara que pegou o telefone dela e enviou uma mensagem de texto para convidá-la para sair um sábado à noite. Até aí, tudo bem. Depois ela não soube mais dele o resto da semana. Enviou uma mensagem de texto às oito da noite de sábado: "O que houve? Pensei que tínhamos combinado de sair!" Ele respondeu: "Esqueci. Por que não falou comigo antes?" Ela escreveu: "Não posso sair com um cara que esquece e não dá satisfação nenhuma." Ele escreveu: "E eu não posso sair com uma mulher que não envia mensagem de texto para me lembrar." Ui! Mas ela não devia ter enviado mensagem nenhuma para ele. Quando ele esquece, você esquece. Se tiver de lembrar-lhe que combinaram de sair, esse encontro não deve acontecer. E se ele convidá-la para sair e não aparecer, é o fim!

- **Homens que dão trabalho demais desde o primeiro dia.** Haley foi apresentada para um homem por uma amiga dos dois que mostrou para ele a foto dela. Ela estava no meio de uma reunião no trabalho a primeira vez que Joey enviou mensagem de texto. Ele escreveu de volta perguntando se podia ligar para ela dali a dez minutos. A primeira bandeira vermelha, já que ele supôs que ela fosse largar tudo em dez minutos para conversar com ele no trabalho. Haley nos consultou para saber o que devia fazer, e nós instruímos que ela escrevesse uma mensagem para ele no dia seguinte "Desculpe, estive ocupada com reuniões o dia inteiro". Ele escreveu de volta "Pensei que ia me procurar mais cedo. Tudo bem, ligue para mim quando estiver livre". Haley respondeu uma hora depois: "Tudo bem, ou você liga para mim..." Foi como um cabo de guerra, para ver quem seria o primeiro a pegar o telefone. Ele acabou ligando aquela noite e marcou o primeiro encontro para beber uns drinques com ela. Mas é claro que não foi tão simples assim. Primeiro, ele escreveu para ela encontrá-lo perto do escritório dele no centro. Ela escreveu: "Para mim é melhor você vir me encontrar em algum lugar por aqui." Então ele escreveu perguntando se não poderiam se encontrar no meio do caminho, mas, como a mulher que segue as *regras* não encontra ninguém no meio do caminho, ela escreveu que estava ocupada demais no trabalho e ele finalmente cedeu. Dissemos para Haley se preparar, porque aquele cara ia dar uma trabalheira... Um alerta ao consumidor! Os encontros dos dois pareciam negociações de paz. E, claro, ele passou o encontro de uma hora para um drinque inteiro falando sem parar da ex-namorada. Dissemos para Haley, o próximo! Fuja o mais depressa que puder. Ele nunca mais ligou, nem enviou mensagem para ela.

- **Homens que falam sobre outras mulheres.** Se o homem com quem você está saindo fala sobre a ex-namorada, ou outras mulheres em geral, é porque não gosta o bastante de você. Mesmo que fale mal delas, em geral isso quer dizer que eles não estão tão interessados em você assim, estão apenas usando você para desabafar ou para ser a terapeuta deles. Alerta aos consumidores e próximo! Quando o homem realmente gosta de você, ele quer falar sobre você.

- **Alcoólatras, viciados em drogas ou em qualquer outra coisa.** Se o seu namorado bebe muito, ou fica bêbado sempre, alerta ao consumidor, o que você vê é o que você terá. Ele pode ficar sóbrio um dia, ou não. Você pode pedir que ele vá ao Alcoólicos Anônimos, ou se interne para se desintoxicar. Você pode participar de um grupo de apoio para aprender como se separar com amor, mas não pense que isso será uma garantia de que ele vai mudar. Alguns homens simplesmente não mudam. Se o seu namorado tem uma dívida grande, ou é viciado em sexo, ou é pavio curto, alerta ao consumidor. Ele pode recuperar o crédito e parar de assistir a filmes pornográficos na internet, ou pode agir sempre desse jeito. Por isso aceite como ele é e finja que não vê, ou então termine o namoro com ele.

- **Homens que têm segundas intenções.** Você ganha mais do que ele e ele pede para você pagar a conta. Ele parece se animar quando descobre que você mora num apartamento duplex de dois quartos, já que ele mora no porão da casa dos pais. Se você não quiser atrair caçadores de dote e aproveitadores, não conte para eles quanto ganha, nem gaste dinheiro com eles. E se não quiser atrair homens que podem tentar usá-la por sexo, ou para superar o fim do namoro com a ex, ou para livrá-los do tédio, não quebre as *regras* indo para a cama com eles cedo demais, nem agindo como terapeuta, ou aceitando um convite de última hora. Seguir *As regras* filtra os homens que querem estar com você por outros motivos.

- **Homens que se zangam por não vê-la o tempo todo, ou por não saber de você com mais frequência.** Às vezes a mulher fica pensando como vai se controlar para seguir a *regra* de "só vê-lo duas ou três vezes por semana", ou a que diz "espere quatro horas para responder a uma mensagem de texto" se o cara a convida para sair 24 horas por dia, sete dias por semana, e reclama que ela não liga de volta logo em seguida. Ela deve dizer calmamente que está ocupada e que não pode vê-lo nem enviar mensagens com maior frequência, e não tem de explicar por quê. Os homens que realmente gostam dela vão compreender e ter paciência, mas os que discutem e reclamam que não podem conhecê-la sem saber dela e vê-la mais, em geral, são desperdício de tempo. Caitlin, contadora de 30 anos, estava saindo com um homem que ficava furioso porque ela não tinha mais tempo para ele. Ela tinha medo de que ele terminasse o namoro se não o visse sempre que ele quisesse, e acabava cedendo às vontades dele. Depois de dois anos de namoro, Caitlin perguntou para ele: "No que isso vai dar?" A resposta dele: "Eu ainda não sei." Além de ter passado tempo demais com ele, os dois também tinham viajado juntos nas férias e conhecido amigos e família um do outro. Ceder e mostrar ao homem que vocês são compatíveis não faz com que ele a ame mais, nem que assuma compromisso nenhum. Ela esperou mais seis meses e perguntou de novo. Mas ele disse que ainda não sabia. Está vendo? Quando se dá um centímetro para um homem, ele quer logo um quilômetro.

- **Homens que não a convidam para sair sábado à noite.** Se um homem fica sempre combinando de sair com você nos dias da semana e diz que dedica os fins de semana para programas com os amigos, ele pode ter uma namorada, ou simplesmente não gostar de você o suficiente e estar à procura. Não saia com ele nos dias de semana, já que esses programas são casuais demais depois de certo ponto. Se ele quiser namorar sério, terá de levá-la para programas sérios. Escreva mensagem para ele dizendo "Estou superocupada no trabalho essa semana" para obrigá-lo a convidá-la na quarta para sair no sábado. Se ele não fizer isso, é porque você não é a única mulher na vida dele.

- **Homens que não se comprometem.** Se você namora um homem há nove meses ou mais e ele não pede para namorar sério, nem diz que a ama, então ele deve estar saindo com outras. Se vocês se conheceram online e estão namorando há alguns meses, veja se o perfil dele continua ativo no site de namoro. Se estiver, não deve ser porque ele esqueceu de tirar, ou não sabe como, e sim porque ele ainda está paquerando outras mulheres, por isso é alerta ao consumidor! Quando o homem está pronto para se comprometer, a primeira coisa que ele diz é "Não quero namorar mais ninguém, por isso vou fechar o meu perfil" e pede para você fazer a mesma coisa. Dependendo da sua idade, se esteve namorando um homem dois anos e ele não fala do futuro, provavelmente não está pensando nisso. Ele pode achar que você vai namorá-lo para sempre, por isso, alerta ao consumidor! Quando estiver preparada, vai ter de perguntar gentilmente para ele "Aonde é que pretende chegar?" e terminar com ele, se ele não tiver planos concretos.

Sem *As regras* as mulheres racionalizam, dão uma segunda chance aos homens alerta ao consumidor e passam o resto do relacionamento zangadas, magoadas ou confusas. Acreditamos em cortar o mal pela raiz. Se um homem é difícil nos primeiros meses, quando devia ser charmoso e cavalheiro, não se iluda. Alerta ao consumidor... Tenha cuidado, ou passe para outro. É claro que o alerta ao consumidor para uma mulher é o príncipe encantado de outra. Nem sempre você consegue evitar se apaixonar por alguém, mas a mulher que segue *As regras* não aceita mau comportamento.

REGRA 23

Não seja autodestrutiva namorando caras casados, indisponíveis e outros que dizem qualquer coisa

Como escrevemos no nosso primeiro livro, namorar um homem casado, além de desonesto e errado, é sinal de baixa autoestima e de desespero... Nada que uma mulher que segue *As regras* deva fazer. É também uma completa perda de tempo, já que homens casados raramente largam as mulheres pela *outra*. E mesmo que larguem, ninguém garante que vão casar com você, a destruidora de lares. E mesmo se casarem, provavelmente vão traí-la também, por isso fuja dele!

Antigamente a única maneira de um homem enganar a mulher era indo para um bar ou dando em cima da secretária ou de alguma colega de trabalho. Hoje em dia o mundo se abriu para novas aventuras, e trair nunca foi tão fácil.

Além do mais, os sites de redes sociais, comunidades de namoro virtual, mensagens de texto e e-mails tornaram os relacionamentos impróprios, ou as fantasias com homens indisponíveis acessíveis às batidas em um teclado. Algumas mulheres retomam contato com ex-namorados da escola ou da faculdade no facebook e descobrem, um mês de papo depois, que ele está casado e que convenientemente omitiu seu status de relacionamento no perfil. Outras mulheres fazem amizade no facebook com caras que conheceram no trabalho ou na faculdade e acabam em relacionamentos impróprios ou fantasiosos com homens já comprometidos.

Natalie, universitária de 21 anos, era apaixonada pelo seu professor, por isso fez amizade com ele no facebook. Ele a aceitou imediatamente e ficou logo íntimo, sem qualquer ética profissional. O relacionamento evoluiu rapidamente. Escreviam e enviavam mensagens um para o outro de manhã, à tarde e à noite. Em poucas semanas já estavam transando em quartos de hotéis perto do campus. Estavam tendo um caso tórrido. Ele disse que não era feliz no casamento e que planejava se separar da mulher, que não tinha conta no facebook e não fazia ideia do que estava acontecendo. Quando os dois saíam, ele sempre reclamava da mulher e dava uma falsa esperança para Natalie, de que ele era acessível. No início, ele a levou para restaurantes da moda, mas depois de um mês já estavam comendo Lanche Feliz na cama. No segundo mês era apenas sexo, sem jantar. Essa falta de cuidado é típica quando se vai para a cama com um homem casado. Ele começa a tratar você quase como uma prostituta.

Natalie começou a reclamar que quase não o via... Certamente não nos fins de semana nem em ocasiões importantes. Ela pediu para ele levá-la para jantar fora pelo menos no seu aniversário. Ele disse que ia ver o que podia fazer e deu o bolo no último minuto porque a irmã da mulher dele estava na cidade e ele não podia sair. Ele disse que ia compensar isso e mandou flores baratas. Na semana seguinte, Natalie enviava mensagens de texto para ele sem parar, só que ele não respondia. Ela escreveu uma mensagem no facebook: "Onde você está? O que está acontecendo?" Ele respondeu: "Minha mulher está grávida. Eu percebi que a amo e quero que as coisas funcionem. Sinto muito, mas não posso mais vê-la." Então ele a bloqueou no facebook. Natalie ficou arrasada e faltou às aulas uma semana. Mal conseguia levantar da cama, que dirá estudar. Perdeu o respeito por ela mesma e também seis meses da vida para um pilantra e mentiroso. E como tinha se isolado dos amigos para não divulgar seu segredo, não tinha mais com quem conversar quando o relacionamento acabou. Natalie ficou constrangida demais de contar para qualquer pessoa o que tinha acontecido, para não ser julgada por ter tido aquele caso.

Essa história é um alerta. Não seja a Natalie! Por mais excitante que pareça esse relacionamento no início, nunca tem um final feliz. O coração partido sempre pesa mais do que os encontros clandestinos e o sexo proibido. Quando a mulher conta que está namorando ou apaixonada por um homem casado e quer saber qual é a melhor maneira de conquistá-lo, examinamos seu histórico de namoro e outros relacionamentos para descobrir por que ela tem obsessão por homens comprometidos. Descobrimos invariavelmente que o pai, a mãe, ou os dois eram emocionalmente distantes e que isso foi tudo que ela conheceu. Por isso, por mais frustrante que possa ser o caso com um homem casado, é também cômodo e familiar. Recomendamos a essas mulheres que rompam o ciclo autodestrutivo dizendo, "próximo!" e indo à luta para encontrar homens realmente disponíveis.

Você pode argumentar "mas ele é exatamente o meu tipo e nunca vou encontrar ninguém para gostar", ou "namorar um homem casado é melhor do que ficar sozinha", ou "ele prometeu largar a mulher". Se você começar a dar esse tipo de desculpa, diga para o homem casado procurá-la quando estiver separado e não mais vivendo com a mulher dele, depois não dê nenhuma satisfação para ele. Sem comunicação nenhuma. E ocupe-se saindo com outras pessoas. Você pode desperdiçar anos fazendo sexo em hotéis baratos, acreditando em promessas vazias, e passando os feriados sozinha enquanto ele viaja para Aruba com a família.

É importante observar que homens casados não são os únicos indisponíveis. A mulher às vezes nos procura e quer saber como conquistar o colega de trabalho que fica olhando para ela, ou o cara na academia que sempre usa a esteira ao lado dela. "Já faz três meses, ele olha para mim, fica me paquerando, mas nunca pede meu telefone... O que eu faço?"

Infelizmente, *nada*. Às vezes os homens gostam de paquerar e são supersimpáticos, mas se não a convidam para tomar um café, beber alguma coisa ou para um programa qualquer, é porque têm namorada. Se um homem fica olhando para você, ou até conversa com você e fica paquerando, mas não a convida para sair, é um relacionamento fantasioso. Não tente adiantar as coisas sentando perto dele, nem sugerindo inocentemente uma conversa sobre o seu programa de exercícios tomando um café. Você será rejeitada imediatamente, ou então criará um relacionamento que não era para acontecer e será rejeitada *mais tarde*. Nada de bom resultará disso, por isso não faça nada.

Um relacionamento fantasioso pode começar com um amigo que suspeita que você sempre teve uma queda por ele. Vocês já passaram bastante tempo juntos e um dia ele pergunta se você não quer experimentar ser mais do que amiga. Ele pode dizer que sempre achou você atraente, mas pensou que você era areia demais para o caminhão dele (primeira bandeira vermelha!), ou que ele é tímido e que a maioria das mulheres dá em cima dele de qualquer maneira (ah, é!). Ele vem com tudo e quer saber se você topa. Você diz: "Sim, podemos tentar." Vocês se juntam e, quando você espera que ele continue, o relacionamento fica totalmente confuso. Ele não a convida para sair, apenas envia mensagens no último minuto para estarem juntos como sempre fez, ou a chama para viajar e esquiar e vocês dormem juntos, mas então ele some no Dia dos Namorados. O relacionamento é cheio de mensagens truncadas. Ele entra e sai da sua vida. Você até brinca com suas amigas dizendo que ele pode fazer parte do Programa de Proteção às Testemunhas porque você nunca o encontra, especialmente no seu aniversário, ou na véspera do Ano-Novo.

Chamamos esse tipo de homem de "mensagens truncadas". Ele procura fazer você pensar que tem um relacionamento e de vez em quando até conversa sobre isso, mas os atos dele não combinam. Quando você o acusa desse comportamento que não é de namorado, ele se defende dizendo "meu último relacionamento foi muito ruim, por isso não sei se consigo de novo", ou "no momento estou muito confuso", ou então jura que a florista fez uma trapalhada e não mandou as flores que nunca chegaram no seu aniversário. Ele tem uma longa lista de desculpas e muitas mulheres acreditam nelas. E aí, quando você acha que terminou tudo com ele, ele escreve "Por que não nos vemos mais?", para amarrá-la de novo. Argh! Mensagens truncadas.

Você fica naturalmente perdida e quer saber o que está acontecendo. Não queira. Não está acontecendo *nada*. Por que ele se dá ao trabalho? O que ele ganha com isso? Tivemos muitas consultas sobre homens de mensagens truncadas e chegamos à conclusão de que ele pode estar se vingando de alguma ex-namorada, ou das mulheres em geral. Que ele teve um relacionamento de amor e ódio com a mãe dele. Ou que está simplesmente entediado e que estar com você de vez em quando é divertido para ele, como um esporte, ou um videogame. Seja o que for, ele não está apaixonado por você!

Às vezes essas mulheres dizem que o cara está usando *As regras* com elas, mas homens não aplicam *As regras* nas mulheres. Eles simplesmente não gostam bastante delas. Achamos péssimo ter de dizer-lhe isso, mas quando o homem gosta realmente, não há mensagens truncadas! Quando o homem a procura e sugere que vocês sejam mais do que amigos, mas depois não age como um verdadeiro namorado, acabou. Próximo! A última coisa que você precisa é de um cara confuso enviando mensagens de vez em quando, dando falsas esperanças. Dá até para imaginar que ele tem mais quatro mulheres exatamente como você, esperando que ele termine algum projeto de trabalho ou que resolva algum problema emocional no qual esteja empenhado. Ele não é nem casado, mas tão indisponível quanto.

Lembre que as tecnologias modernas trouxeram os relacionamentos fantasiosos para um nível completamente novo e perverso. O homem pode enviar mensagens de vez em quando para uma mulher, fazendo com que ela pense que gosta dela, ou que os dois têm um relacionamento. Ele a convida para sair quando quer ir para a cama com ela, mas ela não pode reclamar que nunca sabe dele, porque ele mantém o contato eletrônico. Ele envia textos frívolos como "oi, tudo bem?", ou "como foi o seu fim de semana?", textos e mensagens fingindo se importar com ela, mas que servem apenas para afastar o tédio que ele sente e manter o relacionamento vivo para ela ficar disponível enquanto a mulher dos sonhos dele não chega, ou enquanto não tem nada melhor para fazer. Muitas mulheres caem na lábia desses homens com falsas pretensões. Desperdiçam anos em relacionamentos vai e vem, mas dizemos para elas que isso não existe. Um relacionamento é um relacionamento com encontros semanais, ou então não é nada. Uma das razões para escrever esse livro foi excluir logo esses homens e evitar que eles partam o seu coração e desperdicem o seu tempo.

REGRA 24

Pare de namorar um cara que cancela um compromisso mais de uma vez

Passamos a *Regra 22* falando das bandeiras vermelhas do comportamento masculino e sobre evitar o cara errado. Mas um homem que cancela um compromisso com você mais de uma vez, a menos que seja uma emergência real e comprovada, é o próprio alerta aos consumidores, e achamos que merecia um capítulo à parte.

As mulheres nos perguntam sempre se podem se encontrar com um homem que cancelou mais uma vez e que quer remarcar. Elas dizem "Ele acabou de enviar mensagem de texto dizendo que furou o pneu do carro e que precisa adiar", ou "Ele enviou um e-mail para dizer que não pode me encontrar esta noite porque um amigo o convidou para assistir a um jogo de futebol. O que eu faço?".

Não estamos querendo parecer superdramáticas aqui, mas cancelar um programa é o beijo da morte! Claro que sabemos que o mundo virou um lugar mais casual e que ninguém pensa duas vezes antes de desmarcar um almoço via e-mail, remarcar uma ida ao bar num bate-papo de grupo, ou cancelar um compromisso ao toque de um iPhone.

Mas no mundo de *As regras*, cancelar um encontro, a menos que exista uma emergência real, não deve ser menosprezado.

O homem *tem de ser* capaz de cumprir o encontro que marcou com você e mantê-lo, independentemente do trabalho, do tempo, ou do que quer que esteja acontecendo na vida dele. O encontro com você deve ser sagrado. Devia estar escrito com tinta, não a lápis.

Os homens inventam qualquer desculpa quando querem desmarcar um compromisso. Que ele está doente, que os pais vêm visitá-lo, que um ex-colega de trabalho acabou de telefonar convidando para tomar uns drinques, ou que de repente há um trabalho urgente para fazer. As mulheres discutem conosco que a desculpa que ele deu é plausível e imploram para receber autorização para dar-lhe uma segunda chance. Mas a verdade é que os homens não cancelam porque estão com dor de barriga, ou porque estão atolados no trabalho (no sábado à noite?), ou porque receberam ingressos de última hora para uma partida de futebol. O que é mais provável é que ele cancele por não estar tão a fim de você assim, ou porque a mulher de quem ele *realmente* gosta ficou disponível de repente.

Infelizmente, a mulher que está envolvida, ou apaixonada, acredita nos motivos que ele dá para cancelar porque quer muito que o relacionamento funcione. Mente para ela mesma, ou finge que não vê. Mas com o tempo e encarando mais cancelamentos e decepções, ela se transforma numa pilha de nervos, fica tremendamente insegura e com a confiança abalada. Num relacionamento saudável que segue *As regras*, o homem liga ou envia mensagem de texto toda semana para marcar os encontros de sábado à noite. Ele não cancela, nem pula uma semana, por isso a mulher tem uma sensação de estabilidade e de segurança. Ela pode ficar tranquila e cuidar de sua vida.

Hannah, 28 anos, conheceu o namorado num bar esportivo. Andrew, de 30, tomou a iniciativa de falar com ela e uma semana depois saíram para beber. Depois desse primeiro encontro, ele a convidou quarta-feira para sair no sábado seguinte. Até aí, tudo bem. Mas então ele enviou mensagem de texto sexta de manhã, dizendo que precisava cancelar porque um amigo que morava em outra cidade tinha resolvido visitá-lo de última hora, e cancelou mais uma vez duas semanas depois, porque tinha pegado uma gripe. Nós dissemos: "Ah não, isso não está certo, parece suspeito." Hannah acreditou nele, mas nós não. Dissemos para ela: "Numa noite de sábado? Ele não pode encontrar o amigo qualquer outra hora no fim de semana? Gripe? Ah, é? Não confiamos nesse cara. As desculpas pareciam esfarrapadas. Ele não quer olhar para os seus olhos azuis enquanto vocês jantam fora, e talvez ir para a cama com você?"

    Hannah respeitou o que dissemos, mas estava tão apaixonada pelo Andrew que continuou a sair com ele, com a esperança de que estivéssemos erradas. Só soubemos dela de novo dois anos mais tarde, quando disse por e-mail que precisava de mais uma consulta sobre Andrew. Hannah confessou que Andrew tinha terminado com ela duas vezes porque ela o pressionava para que ficassem noivos. Ele disse que nem podia pensar naquilo até ser promovido. Dois meses depois ele foi promovido, ficaram noivos de aliança e tudo e marcaram a data do casamento. Ela ficou feliz e aliviada.

    Um mês antes do casamento, Andrew disse que estava tendo "um ataque de pânico sobre o trabalho" e consultou um terapeuta que concordou com ele, disse que casar era estressante demais naquele momento e o aconselhou a não casar. Hannah ficou chocada. "O quê? Cancelar o nosso casamento? Partir o meu coração? Tenho de ligar para todas as madrinhas e damas e dizer que não haverá mais casamento? Perder os dez mil dólares de depósito?" Infelizmente nós não ficamos muito surpresas. Qualquer cara que cancela mais de um compromisso é capaz de cancelar um casamento. Mas, com o tempo, Hannah tinha se acostumado tanto a aceitar as desculpas de Andrew que nem entendia a enormidade do que tinha acabado de acontecer. Ela queria saber se o relacionamento ainda podia ser salvo! Dissemos para ela vender a aliança e seguir em frente.

É claro que essa situação acontece raramente, se é que acontece, com uma mulher que segue *As regras*. As mulheres não aceitam homens que cancelam compromissos mais de uma vez. Mulheres que seguem *As regras* não têm de sentir raiva, não têm de se decepcionar, não se sentem traídas nem têm de inventar desculpas para os homens, enquanto procuram entender o que realmente está acontecendo com eles.

Kelly, no primeiro ano da faculdade, contou que um cara com quem estava saindo havia poucas semanas enviou mensagem de texto dizendo que não podia levá-la a uma festa na sexta-feira à noite porque tinha acontecido alguma coisa na fraternidade dele. Aquilo não encaixava. Ela disse que ele queria ser presidente da fraternidade no futuro. Sugerimos que ela não respondesse à mensagem dele e encontrasse outro para levá-la à festa. E não deu outra. Uma semana depois ele terminou com Kelly e começou a sair com outra. Um cancelamento com desculpa esfarrapada costuma ser o princípio do fim do namoro.

Jessica, 32, estava marcando o primeiro encontro para beber com um homem divorciado que tinha filhos e que a encontrou no site Match.com. Uma hora antes do encontro, ele lhe enviou um e-mail para mudar a hora, passar de 17 para 20, porque estava "com muito trabalho". Dissemos que ela cancelasse. Enquanto discutíamos o problema com ela, ele enviou outra mensagem de texto dizendo que tinha acabado de lembrar que era noite dos pais na escola do filho. Será que podiam remarcar para a próxima semana? E ele ainda escreveu: "Eu agora lhe devo um jantar por ter estragado a sua noite!" Dissemos a ela que agora o caso tinha realmente terminado. Mas Jessica achava que ele era um doce e resolveu dar uma segunda chance. Respondeu em mensagem "Tudo bem, boa sorte hoje", mesmo depois de dizermos que não achávamos uma boa ideia. É claro que ele nunca mais fez contato com ela. Qual é a de um cara que marca um compromisso, dá o bolo e nunca mais marca nada? Ele devia ter conhecido outra de quem gostava mais. Não procure entender. Se ele cancelar, especialmente mais de uma vez, é porque não gosta muito de você.

Nós não estamos inventando essas histórias. Em quase vinte anos de consultas particulares, raramente vimos um relacionamento funcionar quando o homem cancelou programas mais de uma vez. Na verdade, entrevistamos centenas de seguidoras de *As regras*, que estão bem casadas, e todas elas disseram que seus maridos nunca cancelaram um compromisso por qualquer motivo. O gelo do inverno, chuva torrencial, reuniões com clientes, provas finais, faculdade de medicina, trânsito, o campeonato de futebol, um casamento na família... Nada impede um homem de vê-la se ele realmente gosta de você. Se o homem cancela mais de uma vez, suspeitamos que vai continuar cancelando mais e mais vezes. Próximo!

REGRA 25

Não mande fotos nem nada que não queira que fique com o cara se vocês terminarem

O termo em inglês "*sexting*" foi criado anos atrás para descrever a moda, entre adolescentes e mulheres jovens, de enviar mensagens, fotos e vídeos explícitos ou sugestivos delas mesmas com pouquíssima roupa para homens em seus celulares. Essas jovens obviamente acham *sexting* divertido, legal e inocente, mas na verdade é idiota, inadequado e perigoso. Se uma dessas mensagens, fotos ou vídeos se espalha por aí, você ficará completamente mortificada e fará um papel ridículo.

O básico primeiro: qualquer coisa que você enviar eletronicamente pode ser salva com facilidade, reencaminhada, copiada ou publicada no facebook, carregada no YouTube etc. E você será completamente humilhada. Com o simples apertar de um botão, um homem pode mostrar para os amigos seu "sext" que descreve suas posições sexuais prediletas, ou o seu e-mail implorando para que ele a aceite de volta depois de terminar com você. É claro que você pensa: "Ele é meu namorado e jamais faria qualquer coisa para me magoar." Isso pode ser verdade hoje, mas e se vocês brigarem amanhã? E se ele ficar com raiva, ou se embebedar, e inventar de se vingar publicando suas conversas particulares, ou suas *fotos* online? Já aconteceu antes e vai acontecer outras vezes.

Uma coisa é brincar sexualmente a dois, mas outra completamente diferente é ser exibida na internet.

A *regra* é: antes de enviar qualquer coisa para um homem, responda se você ficaria tranquila com o fato de ele ter isso, caso vocês não estejam mais namorando. Se a resposta for não, então não faça! Nunca baixe a guarda nem dê munição para um homem poder magoá-la. Com tudo sendo alardeado na internet hoje em dia, nunca se sabe!

Além dos fatores da exposição explícita e do constrangimento, essa ideia toda de *sexting* é oposta *Às regras* em muitos aspectos. Aqui estão mais motivos para se convencer de que *sexting* é uma má ideia:

- **Se você for a primeira a iniciar os *sexts*, você vira a agressora, mostra ao homem que não está "leve e solta e ocupada na vida".** Ao contrário, você insinua que não tem nada melhor para fazer do que ficar de pé na cama com seu sutiã e fio dental Victoria Secret, tirando fotos. Nada inteligente e nada legal. Mas responder aos *sexts* dele também não é inteligente, já que esses envios podem ser usados contra você.

- **Você não está sendo misteriosa e certamente não se faz de difícil.** Está dizendo a ele exatamente o que passa na sua cabeça: ele e sexo! Não é só isso, você está também insinuando de certa forma que quer *fazer* sexo com ele. Fica óbvio demais que gosta muitíssimo dele. Caso contrário, ia se dar ao trabalho de passar horas enviando mensagens e fotos impróprias? Nós achamos que não.

- Você não está sendo uma criatura diferente das outras do ciberespaço. Está apenas demonstrando que não tem respeito por você mesma. Uma criatura diferente das outras no ciberespaço é reservada e discreta, até um pouco pudica. Não usa *sexting* nem sexo para agarrar um cara. Deixa que o homem se apaixone por sua essência e sua alma, não apenas pelo seu corpo. É a boa moça que se guarda para o cara certo, ou pelo menos para o relacionamento certo. Lembre que a criatura diferente das outras tem padrões. Não compromete seus relacionamentos e sua reputação. *Sexting* é um recado completamente decadente. Diz que está disponível para qualquer coisa. E não é isso que você quer.

- Você corre o risco de que sua mensagem seja mal interpretada, e que sua foto seja modificada no photoshop. Até *sexts* enviados de forma sedutora e inocente podem cair em mãos erradas e voltar para assombrá-la de um modo que jamais imaginou.

Kara, primeiranista na faculdade, aprendeu essa lição do modo mais duro. Enviou uma foto dela nua para o namorado, Nick, aluno do último ano. Quando o relacionamento deles acabou poucos meses depois, devido às crises que Kara tinha de ciúme e carências, Nick passou adiante a foto para um ex-amigo dela (palavra chave: *ex*) e daí virou viral. Depois de receber 2.500 visitas à página, Kara ficou tão mortificada que se transferiu para outra escola e voltou a morar com os pais. Largou a equipe esportiva, abandonou suas irmãs da irmandade e andava de óculos escuros e boné de beisebol. Não deixe que esse tipo de constrangimento aconteça com você. Mulheres que seguem *As regras* são muito inteligentes e têm classe demais para ficar enviando *sexts*!

REGRA 26

Não aceite sexo casual
ou encontros sem compromisso

Vinte e cinco, até quinze anos atrás, antes dos Blackberry e dos iPhone, ligações de última hora para transar não eram problema. Afinal, como é que um homem ia encontrar alguém para transar em questão de segundos no meio da noite? A menos que simplesmente tropeçasse nela, como saberia em que bar, ou qual festa, ela estava? Não estamos dizendo que esses convites nunca aconteciam, apenas que eram mais difíceis de acontecer. Se um homem ligasse para a casa de uma mulher às duas da madrugada para ir para a cama com ela, acordaria os pais dela, ou sua companheira de quarto, por isso não acontecia muito.

Avancemos no tempo. Hoje em dia toda mulher tem um chip de GPS nela! Os encontros para transar tarde da noite nunca foram tão fáceis, ou tão livres. Os homens podem se comunicar com as mulheres em qualquer lugar, a qualquer hora. Sabemos que as mulheres nem desligam seus celulares quando vão dormir, para não perder nenhuma mensagem de texto enviada tarde da noite. Dormem com eles no peito ou perto do travesseiro. Os smartphones substituíram os ursinhos de pelúcia! Basta um "onde vc está?", ou "o q está fazendo?", ou "vamos nos encontrar!". É facílimo combinar.

Então qual é a *regra* para chamadas para transar? Simples: não responda. Ignore! Apague! Se receber um texto tarde da noite dizendo "o q está fazendo agora?", ou "quer me encontrar?", nem escreva de volta "cansada demais", ou "não obrigada", nem qualquer outra coisa. A maioria dos homens vai tentar manipular ou forçá-la a ir encontrá-los em meio ao monte de mensagens de textos que farão você perder seu tempo. Se você responder qualquer coisa, dará chance de acabar indo para a casa dele, fazer sexo com ele e ficar magoada porque ele não envia mais texto nenhum até o próximo encontro desse tipo, e acabar se arrependendo. Por isso não dê importância a esse tipo de chamada respondendo, e definitivamente não perca seu tempo achando que está sendo grosseira. *Ele* é que é grosseiro de ligar tão tarde para você. Se de fato gostasse de você, teria combinado com antecedência, não às duas da madrugada, para um encontro às duas e quinze. Os homens que gostam de você pensam em você com dias de antecedência. O convite para transar de madrugada é um insulto. Não se sinta lisonjeada e não tenha medo de ser uma ofensa não responder. Ele não merece resposta.

Resumindo, uma chamada para transar de madrugada não leva a namoro real, nem a romance, nem à intimidade que você tanto quer. Pode começar com muita animação, mas acaba dando uma sensação de vazio, de mágoa e prejuízo. Mesmo se não estiver procurando um marido neste momento, deve querer ser tratada com respeito e manter uma boa reputação. Talvez você esteja pensando "Não posso evitar. Gosto dele e acho que ele gosta de mim", ou "Não me importo se isso vai virar um namoro", ou "Tudo bem se não souber mais dele", ou "O que quer que aconteça, saberei enfrentar". Ou então você pensa "Sou adulta agora, posso fazer o que quiser", ou até "Qual é o problema?". Isso tudo são formas de racionalizar nas quais até as jovens mais inteligentes caem. Mas a verdade é que esses convites de última hora não são bons para você. Não é questão do que é certo ou errado, nem uma questão moral. Os convites para transar de última hora não são bons porque não funcionam. Não levam a namoros, a relacionamentos saudáveis, ou a *qualquer* tipo de relacionamento. Por mais que tente se convencer do contrário, você se importa sim se não souber mais dele depois e deseja sim receber uma ligação, uma mensagem de texto, ser querida e, mais ainda, respeitada no dia seguinte à transa com um cara. É por isso que você pensa em aceitar o convite de última hora afinal! Em vez de dar valor à última tecnologia por fazer com que os homens entrem em contato com elas com tanta facilidade, muitas mulheres jovens se sentem lisonjeadas... "Ah, ele está enviando mensagem de texto às duas da madrugada, deve estar pensando em mim!"

Álcool e drogas podem ter papel preponderante nesses encontros de última hora. Jessica, universitária, nunca foi a um encontro desses, sóbria, porque ela só toma essas decisões erradas quando está de porre. Mais um motivo para se limitar a uma ou duas doses de bebida quando sair, conforme recomendamos enfaticamente na *Regra 21*. Você precisa da mente clara para descartar um atleta bonitão, ou o vice-presidente de marketing tarde da noite. Esses homens estão acostumados com mulheres que se jogam em cima deles. Raramente ouvem um não, se é que ouvem alguma vez. Talvez eles possam convencê-la a encontrar com eles para uma transa de madrugada, então é importante não lhes dar essa chance. Estar sob efeito de alguma droga torna mais difícil para você ignorá-los.

Outro fator que contribui para a frequência desses convites de madrugada, especialmente com as universitárias, é a proximidade. Há muitas festas em casa, nas irmandades, antes dos jogos, reuniões nos estacionamentos depois dos jogos, festas depois do bar, só que você nunca está muito longe de casa. É claro que precisa exercitar muito autocontrole para não transar à toa. Se levar a sério ignorar esses convites, talvez seja bom encontrar outra mulher que siga *As regras* para apoiá-la, com quem possa se comunicar numa festa quando se sentir tentada, ou pedir que fique de olho em você. Às vezes mulheres boas fazem escolhas erradas quando o assunto é homem!

Lauren, 20 anos, vem de boa família. Ela foi bandeirante e frequentava a igreja, o pai é advogado e a mãe faz parte da Associação de Pais e Mestres. Mas Lauren começou a aceitar convites de última hora para transar no segundo semestre do primeiro ano na universidade. Estava desesperada para arrumar um namorado. Sem um homem na vida, ficava insegura e solitária. Achou que, se fosse para a cama com alguém da fraternidade, daria alguma coisa além disso e ela se sentiria bonita e popular. Racionalizou que era liberada, feminista, que estávamos no século XXI e que podia fazer o que bem entendesse. Pensou, afinal de contas, qual a pior coisa que podia acontecer?

Lauren se apresentou para Brian numa festa e ele ficou mais do que satisfeito de dormir com ela aquela noite. Mas a transa tarde da noite nunca levou a nenhum convite para sair, que dirá a um relacionamento. Quando Lauren nos procurou para ter uma consulta, dissemos a ela que aquilo não levaria a nada, que ela

Um efeito colateral inesperado

Mulheres que aceitam convites de última hora para transar podem estar partindo os próprios corações correndo atrás de homens que não estão disponíveis emocionalmente, mas também tendem a quebrar uma das leis mais sagradas do feminismo: irmãs antes dos senhores. Quando uma mulher larga tudo para pular na cama de um homem, em geral afeta as amigas também. Infelizmente vemos isso o tempo todo. A mulher que não vai à noite de cinema com amigas porque "ele me convidou para ficar com ele"; a mulher que recusa o jantar com as amigas porque "dessa vez ele enviou mensagem de texto e nunca faz isso"; a mulher que chega superatrasada no aniversário da melhor amiga porque "ele é muito gato! Você podia ficar feliz por mim!". Dar bolos nas amigas, e todas as vezes por um homem, é o mesmo que dizer que elas não têm importância (e um recado para ele, que ele é a única coisa pela qual ela se interessa). É melhor não queimar demais os programas com as amigas, senão não terá ninguém lá por você, quando levar o bolo da sua transa de última hora.

– Filhas que seguem As regras

devia parar de sair com Brian, mas ela não nos deu ouvidos. Ele enviava mensagem de texto para ela uma vez por semana, para irem para a casa dele, sempre às duas da madrugada, depois que os bares fechavam, e às vezes depois de ter saído com outra mulher, que não queria dormir com ele. Brian estava sempre bebendo, ou bêbado. Lauren tinha se convencido de que ele realmente gostava dela, mas quando recusou o convite dele pela primeira vez, Brian gritou, xingou e a humilhou. Quando tentou forçá-la a dormir com ele e disse "O que é, pensa que é boa demais para mim?", foi a gota d'água. Fez com que ela se sentisse péssima.

Se você realmente quer parar de aceitar convites de madrugada e acabar com as transas sem sentido, pare de mentir para você mesma. Todos esses encontros começam com algum tipo de mentira, que "essa vez vai ser diferente", ou que "essa vez não vou me importar se ele não me convidar para sair", ou "é assim que terei o meu ex de volta", ou "isso fará com que ele saiba como sou boa na cama, vai gostar de mim e me convidar para sair".

Missy, 25 anos, teve uma experiência muito pior do que a de Lauren. Ela viajava muito trabalhando e muitas vezes se sentia sozinha no fim dos seus dias cheios de reuniões. Em uma dessas viagens a trabalho, foi para a cama com um homem que conheceu no bar do hotel e adormeceu no quarto dele. Ele resolveu tirar uma foto dela nua e publicou na internet. Todos viram. Ela quis remover a foto, mas como podemos imaginar, depois que aparece, não é tão fácil apagar. Missy ficou histérica e ainda está se esforçando para superar a sensação de ter sido violentada. Mas essa experiência foi um susto tão grande que ela parou com aquele comportamento leviano de bêbada. Infelizmente, às vezes é preciso que algo terrível e embaraçoso aconteça para a mulher acordar e entender que o que está fazendo, além de improdutivo, é, na verdade, destrutivo. Missy nunca mais aceitou um convite para transar. Com a nossa ajuda, agora está saindo com homens simpáticos que a respeitam e que a convidam para jantar fora. Dissemos que ela seguisse em frente como se nada tivesse acontecido e que não se deixasse assombrar por aquele incidente, porque qualquer homem que a ame não vai se importar. Relembrando o passado, Missy mal podia acreditar que tivesse aceitado aquelas migalhas dos homens. Agora ela entende que qualquer homem que nos procure no meio da noite vai nos tratar pouco melhor do que uma prostituta. O homem nos trata da forma que permitimos!

Quando um homem não gosta de você, faz qualquer coisa para se divertir, até às suas custas. Não saber mais dele já é bem ruim, mas ser marcada por uma transa no meio da noite é muito mais assustador. A sua reputação, até os seus estudos ou a sua carreira profissional podem ser seriamente prejudicados em um segundo, por isso pense duas vezes antes de ir para a cama com alguém que não é louco por você, ou alguém em quem não confia.

Muitas mulheres que aceitam esse tipo de relação na faculdade vão repetir o mesmo comportamento depois que se formam. Mas por que devem parar com isso? É difícil acabar com os maus hábitos. Voltar ao sexo casual é como voltar a fumar. Você deseja ajuda para parar de se sentir triste e solitária, seja por conta de uma substância qualquer, ou de um parceiro sexual. Quanto mais faz, mais difícil é parar. Se você anda dormindo por aí em qualquer momento da sua vida, *simplesmente pare*. É burrice e será cada vez mais um hábito. Em vez de investir num relacionamento estável e construtivo, de acordo com *As regras*, você vai responder aos convites em mensagens de texto no meio da noite. Claro que já é ruim aceitar um convite desses quando se tem 18 anos, mas aos 28 é autodestrutivo, porque o que está em jogo é muito mais sério. Você tem um emprego, aluguel para pagar e muitas outras responsabilidades. Há menos espaço para o erro, e não é nada inteligente ter relacionamentos totalmente físicos e sem futuro. Por quê? Porque aos 28 anos e nos anos seguintes, a maioria das mulheres está à procura de relacionamentos sérios com homens que possam amar e em quem possam confiar.

Além disso, não importa quem o homem é. Transas sem compromisso *nunca* são boas para você. Alexa, 26, estava indo para a cama com o ex-namorado, achando que não fazia mal porque o conhecia. Ela vai a festas e bares quase todas as noites, não conhece ninguém e acaba entrando em contato com o ex-namorado e indo para a casa dele, porque, afinal de contas, ele não é nenhum estranho. E isso talvez até faça com que eles voltem a namorar. Esse arranjo durou um ano depois que ele terminou com ela, e só então ela se deu conta de que o relacionamento não ia dar em nada. Nunca funciona quando vamos para a cama com um homem por querer um relacionamento sério com ele, se ele não sente a mesma coisa. Na verdade, às vezes os ex-namorados são até os mais perigosos, já que muitas vezes a fazem acreditar que querem voltar a namorar... ("É que agora não é o momento.")... e tudo que realmente querem é sexo. As mulheres acabam perdendo tempo, vivendo no passado, ou alimentando um relacionamento ilusório, em vez de partir para outra e conhecer outros homens.

Não é que coisas ruins aconteçam nesses encontros de última hora, e sim que às vezes *nada* acontece, e é isso que é ruim. Você não está se dedicando mais para conhecer alguém; isso não leva a um relacionamento duradouro. É apenas uma satisfação momentânea e depois sofrimento. Desperdício de tempo! *As regras* tratam de satisfação a longo prazo, não de uma noite rápida de diversão, seguida de frustração e arrependimento. Quando você é uma mulher que segue as *regras*, sabe o que é um namoro e sabe como merece ser tratada. Não se trata apenas de ignorar convites tarde da noite, é também se guardar para um relacionamento saudável de quem segue *As regras*.

O que os homens pensam das mulheres que aceitam essas relações sem compromisso? Fizemos uma pesquisa com centenas deles na universidade e fora dela. Eis o que alguns disseram:

"*Na universidade todo mundo fala. E com os celulares, as fofocas se espalham muito rápido.*"

"*Nenhum homem vai respeitá-la. Vai pensar, ela é fácil demais... Não tenho de fazer nenhum esforço para estar com ela e depois passar para outra. Se enviar mensagem de texto ou ligar para ela de novo, será apenas para fazer a mesma coisa.*"

"*Elas são fáceis... Não servem pra namorar. Ninguém quer ficar com alguém que já esteve com todos os seus amigos. Torço pra essas mulheres terem ido embora quando acordo. Jamais encostaria nelas se estivesse sóbrio.*"

"*Não é boa coisa. Muitas vezes são as mulheres que enviam mensagem de texto para os homens às duas da madrugada, e nunca é para conversar, só pra transar. Ela escreve, 'oi, o que* está fazendo?', ou 'onde você está?' e meus amigos e eu rimos, porque sabemos que ela quer dizer 'eu quero transar'."

"Uma mulher enviou para mim e para um amigo meu exatamente a mesma mensagem de texto, dizendo que a companheira de quarto dela tinha saído e que estava sozinha no quarto, só que nós dois estávamos juntos quando recebemos. Óbvio que nem ele nem eu fomos."

"Um conselho para elas? Nenhum homem quer namorar uma mulher que aceita um convite pra transar no meio da noite. Queremos namorar a mulher que não vem ao nosso quarto."

"Acho que é uma situação perfeita para um homem que não queira um relacionamento. Temos uma companheira pra sexo que está disposta a dormir conosco e provavelmente pensa que temos alguma coisa de sério com ela, se não naquele momento, um dia."

REGRA 27

Espere antes de ir para a cama com um cara

Vivemos numa sociedade maníaca por sexo, na qual se ouvem músicas sobre transas de uma noite só e sadomasoquismo o dia inteiro, e os programas da televisão mostram mulheres jovens vestidas como prostitutas com pacotes de camisinha em suas bolsas Chanel. Gravidez na adolescência está sempre no noticiário por algum motivo, e meninas de 19 anos têm as próprias gravações de sexo.

É mesmo a cultura do sexo. Mas o fato das outras mulheres estarem entrando nessa, hoje mais do que nunca, não implica que você deva fazer o mesmo. Você é uma mulher que segue *As regras*, tem autoestima, padrões e limites. Então quando é sensato para uma mulher que segue *As regras* fazer sexo?

A sua primeira vez é um acontecimento, por isso não deve se apressar para acabar logo com isso com o cara errado. O ideal é que você tenha um relacionamento com um cara que goste de você, se importe com você, seja gentil com você e queira ficar abraçado com você depois da transa. Não com alguém que lhe trata como um furo no cinto dele e que quer dar o fora o mais depressa possível. Você não vai querer que a sua primeira vez seja desagradável ou algo que queira esquecer. Achamos que você deve ter pelo menos 18 anos, e deve esperar o máximo que puder. O ideal é depois de um ano de relacionamento. Se for mais velha, mesmo assim deve esperar pelo menos três meses (ou doze saídas consecutivas... muito tempo passado juntos). Em todo caso, você precisa confiar nele e se sentir bem com ele.

Mulheres que seguem *As regras* fazem os homens esperar para ajudá-los a se apaixonar por elas, pela sua alma e pela sua essência, não apenas pelo corpo. Quanto mais você esperar para fazer sexo, mais ele poderá cortejá-la, planejar coisas românticas juntos e sonhar com você. Os homens a tratam melhor e a respeitam mais se você não for para a cama com eles muito cedo. Como dizemos sempre, os homens adoram o desafio e não gostam de nada que venha fácil demais, especialmente o sexo! As mulheres que vão tirando a roupa no primeiro encontro, ou até no segundo, ou terceiro, não estão sendo difíceis, são o oposto das Criaturas Diferentes das Outras. Essas mulheres correm o risco de serem abandonadas ou de se transformar nas que aceitam os convites de última hora no meio da noite porque fica óbvio que elas cedem com facilidade.

Antes do HIV, as doenças sexualmente transmissíveis e a gravidez eram os únicos riscos para mulheres sexualmente ativas. Continuam sendo perigos que você vai enfrentar, só que agora há mais um monte de outras armadilhas à espera das mulheres que sucumbem cedo demais. O homem pode humilhá-la pondo câmeras pelo quarto e depois publicar a sua transa sem compromisso na internet, ou enviar por e-mail para todo o mundo. Ele pode contar para todos sobre a noite que passaram juntos e ver com que rapidez a notícia se espalha com mensagens de texto e o twitter. Ir para a cama com um cara que você acabou de conhecer é uma má ideia. Se ele não a conhece bem, provavelmente não se preocupa com você e não pensará duas vezes na hora de magoá-la. Por outro lado, quanto mais ele a conhece, mais segura você vai se sentir.

Quando você resolver que quer ir para a cama com um homem, primeiro pense se realmente acredita que ele vai ligar ou enviar mensagem de texto depois. É uma ideia terrível ficar com alguém que nunca mais vai procurá-la. Mesmo se achar que não se importa com isso, não será necessariamente assim que vai se sentir na manhã seguinte ou na semana seguinte. As mulheres nos contam o tempo todo que não se importam se o homem só queria sexo e nada mais. Falam que "quando nos olhamos soubemos que ia acontecer, simplesmente tínhamos de fazer isso". Elas se convencem de que são capazes de sentir como um homem no que diz respeito a sexo, mas na manhã seguinte ficam verificando compulsivamente seus celulares e o coração se parte quando o homem não as procura. Até Samantha Jones de *Sex and the City* se apaixonou por um ou dois!

É sempre melhor esperar até vocês terem uma ligação emocional para depois terem a física, para você não se machucar. As mulheres querem ter laços com os homens, ficar junto e ouvir palavras de carinho como "gostar", "amor" e "exclusividade". Querem segurança e a sensação de união. Para os homens, sexo pode ser mais mecânico. Quando acaba, eles levantam, se vestem e vão para o trabalho, sem problema nenhum. Por mais que você queira prever o que vai sentir, é sempre a mesma coisa. A maioria das mulheres foi feita para desejar intimidade emocional e acaba magoada quando age sob qualquer outro pretexto.

Também é crucial se certificar de que você age pelos motivos certos. Não use o sexo para prender o cara em um relacionamento. Não aja como uma namoradinha quando ele estiver calçando a meia, perguntando "quando é que você vai me procurar de novo?". Nem envie mensagem de texto para ele mais tarde, dizendo "para onde vai o nosso relacionamento agora que dormimos juntos?". Sexo não é uma desculpa para você ter uma conversa sobre o relacionamento, ou um bate-papo a noite inteira com mensagem de texto. Ele não deve nada emocional a você só porque vocês transaram. Praticar sexo pensando assim é ser manipuladora, e esse tiro costuma sair pela culatra. Às vezes a expectativa ou as exigências claras da mulher, de que o sexo traga mais intimidade e familiaridade, podem assustar um homem definitivamente.

Algumas mulheres dizem que jamais iriam para a cama com um homem no primeiro encontro, mas estão abertas para qualquer outra coisa. Deixam o homem botar algemas nelas, fazem sexo oral e acham que isso não conta. Mas conta. Quando dizemos que é para fazer o homem esperar, nos referimos a nada além de alguns selinhos no primeiro encontro. No segundo, podem se beijar de língua se ele quiser. No terceiro, ou no quarto encontro, podem avançar um pouco mais. Na hora que ele quiser ir para a cama, se você achar que ainda não é o momento certo, pode dizer tranquilamente "se você quiser, mas eu não estou preparada". Se o homem ficar zangado ou se ameaçar parar de sair com você, então não é o homem para você. Não deixe nenhum deles pressioná-la a ir para a cama com ele cedo demais!

Outras mulheres levam essa *regra* de deixá-lo esperar pelo sexo longe demais. Nós não sugerimos que você necessariamente faça um homem esperar até depois do casamento. É claro que, se você é religiosa, ou se tem outras crenças que valorizam a abstinência, respeitamos isso. O importante é não ser provocadora. Se não está planejando ir para a cama com ele por seis meses, ou um ano, por qualquer motivo, o certo é dizer isso a ele, para que ele possa resolver se quer esperar ou não. Às vezes fazer o homem esperar tempo demais pode atrair homens que não gostam de sexo. Ele pode se sentir aliviado porque tem baixa libido, ou porque prefere pornografia à intimidade com alguém, ou então não se sente tão atraído por você. Como é que vai saber se vocês são sexualmente compatíveis se esperar até depois do casamento? Sexo é parte importante de qualquer relacionamento. Achamos que deve ser abordado com cuidado.

Mas aqui está a parte complicada dessa *regra*: digamos que você gosta mais de sexo do que o cara. Você acha que ele está devagar demais (só beijou você na quinta vez que saíram) e quer apressar as coisas. Você deve tomar a iniciativa? De jeito nenhum. Se iniciar alguma coisa física, estará criando uma situação na qual a parte ativa é você, e poderá ficar tímida em outros setores do relacionamento. É difícil se sentir desejada e segura quando é você que tem todo, ou quase todo, o trabalho. Sexo deve ser tratado como qualquer outra parte do namoro. Ele deve dar o primeiro passo e fazer com que você se sinta desejada. Se ele não for suficientemente ativo para você, então talvez não seja o cara certo.

O oposto disso, negar o sexo para punir o homem, também não é bom. Quando alguma coisa no relacionamento não está indo bem para elas, algumas mulheres agem sob o impulso de revidar, negando o sexo. Somos totalmente contra essa tática. Depois que você transou uma vez com ele, não tem como voltar atrás.

O tom já foi definido. A melhor maneira de lidar com qualquer problema no relacionamento é vê-lo menos, recuar, e de repente ficar ocupada demais. *As regras* são mais emocionais do que físicas. Ele tem de sentir que você está escapando e que pode perder você. Então esteja menos com ele e não responda sempre às suas mensagens, mas se resolver estar com ele, deve continuar a ir para a cama se já foi uma vez. Senão, ele vai pensar que você é vingativa.

Não importa quando você se considera preparada para ir para a cama com um homem. Seja sempre inteligente e pratique com segurança. Não deixe que ele a convença, no calor do momento, a transar sem camisinha "só essa vez". Se você usa anticoncepcional e tem um relacionamento estável e exclusivo, peça a ele que faça o exame para doenças venéreas. Pode até pedir para ver o laudo do médico, já que alguns homens mentem quando não fazem o exame. Mas se tiver qualquer dúvida, use camisinha. Mulheres que seguem *As regras* não se arriscam e se cuidam!

REGRA 28

Não seja a gorda da turma, vá à academia e outras *regras* para ficar bonita em qualquer idade

Paquerar já é complicado. Se quiser tornar ainda mais difícil, engorde sete, dez ou vinte quilos. Goste ou não, vivemos num mundo obcecado por magreza em que os homens têm muita escolha, por isso preferem uma namorada magra e não uma obesa. Quando dizemos magra, não falamos de anoréxica, apenas elegante e em forma. A definição clínica de sobrepeso é 10% acima do seu peso recomendado. Então, se você está com setenta ou mais e devia pesar sessenta, está tecnicamente acima do peso. Claro que o que os homens querem não deve ser o único motivo para ter boa aparência. Alimentação correta não significa tamanho 36 ou 38. Você deve querer ter boa aparência por você mesma, para sua segurança e autoestima. Mas como esse livro é sobre namoro, o que os homens acham também deve contar. Além disso, quando você entra em forma por sua conta, pode se tornar uma Criatura Diferente das Outras. Sentir-se bem também é atraente!

Pesquisamos dezenas de homens dos 20 aos 25 anos de idade, além de outros mais velhos, e todos disseram a mesma coisa. Eles não querem sair com mulheres obesas. Pode chamar de sexista, injusto ou fútil, mas é verdade. Uma mulher média esguia tem mais chance de atrair um homem do que uma linda que está acima do peso. Eis alguns comentários dos homens:

"Não há nada de sensual ou atraente numa mulher muito acima do peso."

"Se eu sairia com uma mulher gorda? Não. Seria só amigo dela."

"Se ela está com oito quilos acima do peso porque passou seis meses na Espanha, eu sairia com ela porque provavelmente perderá esses quilos a mais. Mas se sempre foi acima do peso a vida toda, não."

"Uma mulher que está acima do peso é considerada alguém que nem tenta. Praticamente todo mundo faz exercício. Por que ela não?"

"Se a mulher não gosta suficientemente dela mesma pra fazer um regime e se exercitar, como é que eu vou gostar?"

"Eu não saio com ninguém que não usa biquíni."

Se você não está feliz com a sua aparência, talvez seja bom pensar em fazer alguma coisa para mudar isso. Não estamos querendo que se sinta mal – e, por favor, não se irrite enquanto lê isso –, só queremos ser sinceras e explicar como a sua aparência pode afetar a sua vida social. Queremos dizer que alimentação correta e exercícios às vezes podem fazer toda a diferença entre sair com um namorado e ficar em casa sozinha num sábado à noite.

Courtney, 29, explodiu do tamanho 38 para o 44 no primeiro ano da faculdade e também detonou qualquer chance de namorar os caras pelos quais sentia atração. Estava nervosa com os estudos e recorreu à comida para se acalmar. Traçava pratos enormes no refeitório, barras de chocolate entre as aulas e pizza tarde da noite. Não saía com ninguém. A única hora em que ficava com um homem era quando os dois estavam bêbados e ela os encontrava no quarto deles depois de alguma reunião, depois das duas da madrugada. Eles nem a levavam para as festas, ela era apenas a garota para transar no fim de noite. Todos os homens com quem ela transava diziam "você é muito legal, mas curto você só como amiga", ou "eu não gosto de você desse jeito", ou "gosto de você como uma irmã". Ela ficou tão deprimida que mal conseguia estudar, por isso acabou tendo de se transferir para uma universidade menos conceituada. Mas Courtney não queria começar em uma nova escola acima do peso, então começou a se exercitar e perdeu 17 quilos durante o verão. E também conheceu seu primeiro namorado de verdade na academia. A perda de peso, combinada com a segurança que isso trouxe, mudou sua realidade de namoro definitivamente.

Nikki, 30 anos, nos disse que quando estava na faculdade, não conseguia ficar, entre almoço e jantar, sem parar nas máquinas que vendem guloseimas. Dizia que sua autoestima estava na "privada" e que não conseguia seduzir os homens bonitos que realmente queria, por isso aceitava o que aparecia. Um desses, que gostava de Nikki, disse para a companheira de quarto dela avisar que ele sairia com ela se perdesse doze quilos, e foi o que Nikki fez. Só que ela perdia peso e ganhava de novo logo depois. Era do tipo ioiô. Depois de se formar, Nikki finalmente perdeu de uma vez por todas o peso extra com um rígido planejamento alimentar de baixo carboidrato, com um grupo de apoio. Ela compreendeu que estava usando a comida para enfrentar o estresse da faculdade e a ansiedade social. Pondo a comida no lugar adequado, ela começou a namorar e conheceu o homem que hoje é seu marido.

Estresse. Carga de trabalho. Ansiedade social. Baixa autoestima. Não ter namorado. Fim de namoro traumático. Depressão. Medo. Sentir-se sobrecarregada. Sentir-se inferior, não muito inteligente ou feia são algumas das razões mais comuns para mulheres de todas as idades descontarem na comida. Racionalizar que você é jovem e tem o resto da vida para perder peso e fazer exercício também é comum, especialmente para as jovens universitárias. Acrescente a isso um cardápio ilimitado no refeitório, máquinas que vendem guloseimas, lanchonetes e entregas em domicílio a qualquer hora, e temos uma receita de desastre. Especialistas dizem que, se queremos saber por que usamos a comida desse jeito, o motivo vai se revelar sozinho se simplesmente pararmos de comer demais. Por baixo da comida estão em geral os sentimentos negativos como raiva, inveja, medo, ansiedade ou autodepreciação que queremos que desapareçam ou sejam medicados com biscoitos de chocolate.

Descubra uma dieta que funcione para você. Seja qual for a dieta ou o programa alimentar que escolher, saiba que vai substituir a comida por algo melhor, seja o exercício, um novo passatempo ou interesse, namoro, uma vida espiritual, ou tudo isso junto. Quando você não está abusando da comida ou se odiando, terá mais tempo e energia para fazer amigos, trabalhar e, é claro, namorar.

É óbvio que não há falta de programas de dieta por aí. Achamos que metade da batalha é modificar seus hábitos alimentares. A outra metade é mudar seu modo de pensar. Em vez de achar que diversão é um sundae com calda de chocolate quente, você devia achar que diversão é caber na sua calça jeans preferida e ser convidada para sair com um cara que você curte. Em vez de pensar que pode comer o que quiser agora e fazer exercício para perder peso amanhã, você devia pensar "nada de sobremesa agora e corpo bonito mais cedo em vez de mais tarde". Em vez de pensar que nada vence um sonho mergulhado em creme amanteigado, pense que nada vence usar biquíni na praia. Pense a longo prazo. Ser disciplinada com a comida ajuda a ser disciplinada com o namoro, o trabalho ou o estudo, com o tempo, o dinheiro e tudo o mais. Fazer regime alimentar e seguir *As regras* são coisas muito semelhantes, já que não comer e não enviar mensagem de texto logo, por exemplo, são dois assuntos que tratam do mesmo tema, a gratificação posterior.

Ganhar peso, ter má aparência, não se sentir bem e mesmo não ter um namorado são consequências de curto prazo. No longo prazo, as mulheres acima do peso podem perder uma década inteira de namoro. Por quê? Há milhares de caras para conhecer na faculdade, mas depois, a seleção de candidatos elegíveis diminui muito. Então, se você não teve nenhum namorado na universidade porque não estava contente com o seu corpo, talvez só comece a namorar depois dos 20 anos, até dos 30, quando acaba levando a sério o regime, os exercícios e a sua saúde. Suas amigas podem estar noivas ou casadas, com filhos, e você vai começar a sair e namorar, ou entrar em sites de namoro. Estar acima do peso deprime a maioria das mulheres e faz com que queiram perseguir os homens e quebrar outras *regras* também. Algumas das nossas clientes com mais de 30 ou 40 anos não tiveram namorados nem sexo quando eram mais jovens, porque estavam ocupadas demais detestando seus corpos. Tiveram de aprender tudo mais tarde na vida. Não deixe que isso aconteça com você.

DICAS PARA A DIETA

Eis algumas das nossas dicas, testadas e aprovadas, de dieta para a universidade e depois:

- **Se não consegue resistir às porções ilimitadas e às tentações do seu plano de alimentação na cantina, cancele o seu contrato e ponha uma geladeira e um micro-ondas no seu quarto.** Compre e prepare as suas refeições saudáveis.

- **Não tenha medo de usar uma balança digital e medidores para controlar as porções do que come.** Isso a manterá honesta. É fácil demais mentir para você mesma e comer três porções em vez de uma quando você se aborrece com o namorado, ou fica sobrecarregada de trabalho, ou está apenas cansada.

- **Se resolver contar calorias, lembre que nem todas as calorias são iguais.** Por exemplo, uma maçã com 100 calorias é mais nutriente e satisfaz mais do que um biscoito de 100 calorias, ou do que uma lata de cerveja light com 100 calorias, por isso faça escolhas inteligentes.

- **Se restaurantes fazem você sair do regime, diga para o garçom ou garçonete não servir o cesto de pão.** Peça uma salada em vez de uma entrada engordativa como queijo. Peça peixe, frango ou carne grelhados (nada frito) e legumes em vez de gorduras. Peça frutas em vez de doce para sobremesa e beba refrigerante diet ou água com gás em vez dos refrigerantes com açúcar e bebidas alcoólicas que a deixam alta.

- **Quando for a festas ou casamentos em que sirvam comida, alimente-se antes de sair de casa para não morrer de fome e não ficar tentada quando chegar lá.** Assim pode se empanturrar com algum alimento saudável. Comer antes de sair também servirá para você ficar livre para conversar, dançar e ser abordada por um homem bonito, em vez de grudada ao bufê ou aos aperitivos do bar.

- **No trabalho, tenha aperitivos saudáveis como cenouras e maçãs por perto para se satisfazer e não atacar as máquinas que vendem salgados e doces, e não pedir algum alimento pouco saudável.** Até Jackie Kennedy Onassis levava cenouras na bolsa para beliscar quando sentia fome! Seus hábitos saudáveis nunca reduziram seu status de primeira-dama e ícone da moda, por isso você não ficará constrangida de fazer o mesmo.

- **Aprenda a se alimentar de forma saudável com uma amiga.** Certifique-se de que é alguém em quem confia e que compartilhe o mesmo ponto de vista. Você pode ligar para ela quando se sentir tentada a comer demais, ou quando tiver a sensação ou algum problema que a leve a comer demais. Pode mandar para ela seu plano alimentar e de exercícios para se responsabilizar pelas boas escolhas que está fazendo.

- Mantenha um diário ou anotações de tudo que come todos os dias, assim como suas ideias. Escrever o que você come ajuda a manter a sinceridade com você mesma. Escrever o que sente e pensa, ou o que a incomoda, ajuda a desabafar para não compensar com comida.

- **Faça as contas de quanto dinheiro está gastando com comilanças fora do regime, inclusive pizza entregue em casa, restaurantes e caixas de sorvete, para não falar da compra de roupas porque nada mais cabe.** Fazer isso ajuda a impedir qualquer negação sobre o quanto a gula está custando. Se for vinte reais ou mais por dia, são vinte reais que poderia gastar com hábitos saudáveis como manicure, pedicure ou um cinema. Acrescente também o custo emocional de estar acima do peso. Aulas perdidas e notas baixas devido à ressaca de ataques noturnos à geladeira, ser a última a ter namorado, não ter um par para o baile de formatura ou para a festa da irmandade etc.

- **Cuidado com os alimentos de baixo teor de gordura ou baixa caloria das lojas de produtos saudáveis ou de iogurte congelado.** Esses alimentos em geral são cheios de açúcar ou de substitutos do açúcar – não oferecem o mesmo valor nutricional dos alimentos naturais e podem ser muito calóricos. Esses alimentos falsos devem ser consumidos em pequenas porções, ou evitados. Existem ingredientes disfarçados como a dextrose e a sacarose, e às vezes são até viciantes.

- **Não faça dietas radicais, jejum de sucos, não passe fome, nem nada extremo.** Não coma loucamente e depois vomite ou tome laxante. Não tome café puro com cigarro no lugar do café da manhã. A maior parte das organizações que coordenam dietas recomenda um plano de alimentação para redução de peso que consiste em três refeições por dia (1.200 a 1.500 calorias), com ou sem um ou dois lanches leves.

- **Não leia, estude, assista à televisão, fale ao telefone ou faça qualquer coisa enquanto estiver** *comendo*. Com o tempo você vai associar a comida com aquela atividade e sentir fome sempre que fizer isso. Comida não é uma companheira nem uma atividade recreativa. Quando você fizer suas refeições, sente à mesa. Quando terminar, a cozinha fecha e você passa para outro cômodo ou para outra atividade. Separe o ato de comer do de viver!

- **Pese-se uma vez por semana ou uma vez por mês.** Não faça isso todo dia e certamente não três vezes por dia. Não se torne uma escrava da balança. Se ganhar meio quilo ou um quilo por estar menstruada ou retendo mais líquido, pode achar que seu plano de dieta não está funcionando e usar isso como desculpa para se consolar comendo. Além disso, lembre que o peso diminui mais rápido nos primeiros meses do regime e depois a perda de peso fica bem mais lenta, por isso não espere perder cinco quilos por mês todos os meses. Lembre que alimentação saudável é um modo de vida. Não se concentre demais na perda de peso. Em vez disso, pense mais no fato de que está cuidando de você e que se sente melhor agora do que quando comia demais. Além disso, suas roupas caem melhor e os homens estão prestando mais atenção em você.

Julia, 32, engordou doze quilos depois de um fim de namoro traumático. Queria desesperadamente recuperar a forma e voltar a namorar, mas não sabia por onde começar. Devia entrar para uma academia? Comprar uma esteira? Correr na escola próxima? Entrar para alguma firma de namoro? Criar um perfil na internet? Ela não conseguia se decidir. Demos um plano de regime para Julia e sugerimos que ala caminhasse uma vez por dia, em volta do quarteirão. Dissemos que era um ótimo começo e que, embora não fosse muito, ela sentiria os benefícios da atividade física. No dia seguinte, Julia caminhou dois quarteirões, depois dez, depois um quilômetro. Três meses depois, ela enviou um e-mail dizendo que tinha perdido sete quilos e se registrado para correr uma meia maratona. Também tinha conhecido um homem interessante quando entrou para um clube de corredores e que agora estavam noivos. Nós acreditamos muito em passos pequenos. Tome a decisão de fazer alguma coisa, comece a fazer e veja o que acontece!

DICAS DE EXERCÍCIOS

Temos de reconhecer: nem todos gostam de se exercitar. Pode ser difícil, repetitivo, até aborrecido. Mas o exercício domestica seu apetite, acelera a perda de peso, tonifica seu corpo e libera endorfinas – tudo positivo. Às vezes pode ser o melhor remédio. Tivemos clientes que começaram a consultar uma terapeuta e pediram antidepressivos. Depois de uma consulta conosco, de iniciar uma dieta sensata com um plano de exercícios, a depres-

Entrando em forma

No intervalo das aulas, dos plantões e mantendo em dia as atividades sociais, um tempo diário na academia em geral é a primeira coisa a entrar nos seus horários apertados. Mas como nossa mãe vive dizendo, estar em forma só fica mais difícil com a idade, por isso é importante transformar a boa forma em hábito agora, antes de balançar pelancas dos braços aos quarenta. Mesmo com tudo que temos de fazer, há sempre alguma oportunidade para encaixar um exercício durante o dia. Participar de algum esporte em quadra coberta garante um pouco de aeróbica toda semana, ou se tiver tempo entre as aulas, montar na bicicleta elíptica ou estacionária por apenas vinte minutos. Você pode até levar um livro para estudar, se precisar acavalar as tarefas. Pode tomar decisões simples mas eficientes, como preferir a escada ao elevador, ou ir a pé para a faculdade em vez de pegar o ônibus. Tudo que puder fazer para manter a forma vai ajudá-la no fim das contas e valerá a pena quando estiver usando suas camisetas preferidas sem mangas e seus shorts bem curtinhos. O mais importante é que os exercícios ajudam a dar clareza mental, segurança e autoestima elevada.

– *Filhas que seguem* As regras

são acabou e elas nem pensaram mais em tomar qualquer droga. Entre as pressões acadêmicas, profissionais e sociais, você precisa de alguma válvula de escape. As endorfinas que obtém com os exercícios podem melhorar o seu humor e a sua aparência como um todo.

Pedimos comentários e sugestões de personal trainers sobre os melhores planos de boa forma. Eis o que disseram:

- **Determine a melhor hora do dia para você se exercitar.** Tenho uma cliente que é matinal. Ela trabalha em casa. Se não faz os exercícios às sete da manhã, não fará mais. Disse a ela que calçasse o tênis assim que levanta da cama e ligasse a esteira. Se ela liga primeiro o computador e se envolve com os e-mails, nunca mais faz os exercícios.

- **Assuma a responsabilidade dos seus exercícios.** Alguns clientes odeiam exercícios, acima de tudo, por isso não lhes dou a opção de não fazer. Eles são responsáveis pelo comparecimento ao nosso treino. Se você não quiser pagar um treinador, faça planos de encontrar uma amiga ou duas na academia. Se elas não aparecerem, faça os exercícios assim mesmo!

- **Um tipo só de exercício em geral não basta.** Você precisa de aeróbico e levantamento de peso. Então procure misturar os dois. Dê uma corrida e depois pegue os pesos, ou então faça uma aula de aeróbica que combine cárdio e peso. Mas não pense que precisa levantar muito peso. Pode fazer mais vezes com pesos leves. O que quer que faça, tem de suar para liberar as endorfinas. Sem dor, não ganha nada.

- Faça o que gosta – senão não vai fazer! Há muitas atividades diferentes para experimentar, correr, fazer ioga, pilates, bicicleta, natação, pular corda, tênis, boxe, patinação, aulas de dança. Misture tudo e descubra o que é melhor para você, senão ficará entediada, frustrada e acabará parando.

Namorar é mais fácil quando nos sentimos bem e estamos com boa aparência, mas não somos a favor de esperar até ter o corpo perfeito para frequentar eventos para solteiros e entrar em sites de namoro. A sua vida não deve parar porque não está com o peso ideal, ou cabendo na sua calça jeans com tamanho ideal. Você deve se cuidar *enquanto* namora e não esperar a perfeição. Enquanto isso, aprenda a explorar o que você tem de melhor. À medida que vai progredindo na perda de peso e nos exercícios, a sua segurança aumenta e isso produz maravilhas na sua vida de namoro.

REGRA 29

Espere que ele a siga no twitter primeiro e raramente responda às tuitadas

Se você se espelha em cantores, atrizes e astros no twitter, pense bem! Celebridades podem tuitar o que bem quiserem, estão promovendo e vendendo seus programas de televisão, filmes, músicas, imagens, produtos. Para eles é comércio, eles tuítam o dia inteiro e querem conquistar o maior número possível de seguidores. Mesmo quando escrevem sobre seu dia a dia comum, as pessoas ficam fascinadas. Mas você não é famosa, precisa de *regras* para o twitter para não arruinar o seu relacionamento se fazendo passar por obcecada com revelações pessoais, ou como a espiã. O twitter foi feito para dar acesso e informação para as pessoas, por isso as mulheres que seguem as *regras* precisam ter muito cuidado com esse meio de comunicação.

Se você vai usar o twitter, aqui estão as nossas dicas de como fazer e continuar seguindo as *regras*:

- **Mantenha sua conta no twitter protegida, isto é, seus seguidores precisam da sua aprovação para segui-la.** Assim, você sabe para quem está divulgando... inclusive a sua paixão. Sem falar que essa privacidade é boa para o local de trabalho e para a segurança geral.

- Não siga um homem no twitter a menos que ele a siga primeiro. E mesmo assim, espere uma semana para aceitar o pedido dele, a fim de não parecer obcecada por ele, ou pelo twitter. Lembre que você é uma mulher feliz e ocupada, não está à toa, sem nada o que fazer.

- Não responda a nenhuma tuitada pública dele.

- Se ele enviar uma resposta diretamente para você, aí sim você pode responder, mas faça isso raramente. Se e quando responder, trate de escrever menos do que ele escreveu e evite engatar uma conversa.

- Evite tuitar a cada cinco minutos. Uma vez a cada três dias basta. Você tem uma vida – e o mundo inteiro não precisa de atualizações constantes da sua vida no twitter.

- Não tuíte o corriqueiro do dia a dia, nem o negativo (como acontece com as atualizações de status no facebook). Ninguém quer saber que você está passeando com o cachorro, ou que teve uma semana ruim no trabalho. Seus tuítes devem ser importantes, notícias interessantes, inteligentes ou animadoras. "Treinando para a Corrida pela Cura do Câncer de Mama!" é um ótimo exemplo.

- Não tuíte sobre canções de amor ou filmes românticos, porque isso vai demonstrar interesse exagerado por relacionamentos. Você deve parecer interessada em política, esportes e no mundo em geral, não só nos homens.

Localização

Todas nós concordamos que o mistério é obrigatório para atrair o sexo oposto... E qual é o mais recente aniquilador do mistério? O localizador que diz onde você está. Seja no facebook, no foursquare, ou no twitter, ficar anunciando todo lugar a que você vai destrói a mística que todas essas *regras* a ajudaram a construir, é dar a um homem uma visão ilimitada de todas as coisas que ele devia tentar descobrir sozinho. O que você faz no seu tempo livre? "Jamie está no shopping." O que você procura em um homem? "Jamie está na sessão da meia-noite de *Crepúsculo: Amanhecer*." Os segredos da sua beleza? "Jamie está na Clínica de Depilação Facial Downtown." (Mas esperamos que nenhuma mulher por aí entre no salão de depilação!) Foursquare é o maior assassino do mistério. As mulheres que seguem *As regras* simplesmente não usam.

— *Filhas que seguem* As regras

- Não tuíte nada sobre o seu relacionamento. Ponto final!

- **Use hashtags com cuidado.** Tenha consciência da conversa em que está entrando e garanta que não está alimentando algum clichê ou que seja contra as *regras* de qualquer maneira.

- **Se você começar a tuitar demais, ou estiver tuitando as coisas erradas, deve cancelar a sua conta.** É mais importante fazer direito do que simplesmente estar lá.

REGRA 30

Não namore indefinidamente sem um compromisso

Se você está na faculdade, ou em um curso, ou saindo ocasionalmente com alguém, ou apenas há alguns meses, este capítulo talvez não se aplique a você. Mas num certo ponto da sua vida, você não se interessa mais por relacionamentos só como diversão e entretenimento. Você quer amor e compromisso. E por que não quereria? Para que passar as noites de sábado e os feriados sozinha se pode estar com o amor da sua vida, que a compreende e quer estar com você?

Mesmo se não estiver pensando em casar agora, vai querer um relacionamento que não represente perda de tempo. Você devia estar procurando sutilmente as pistas que indicam se o homem vê algum futuro, para não ser surpreendida se ele resolver que não quer um relacionamento exclusivo, ou se não a pedir em casamento. Ele já disse "não quero estar com mais ninguém?". Já mudou o perfil dele para dizer que "está em um relacionamento sério" no facebook e/ou publicou fotos de vocês dois juntos, ou na foto de perfil? Ele já usou a palavra "amor"? Convidou você para ser seu par num casamento, ou mencionou sobrinhas e sobrinhos? Todos esses são sinais de que ele pensa seriamente em você e que vocês podem ir para o altar um dia.

Ao contrário, quando uma amiga sua fica noiva, ele parece esquisito, ou quieto demais? Ele faz comentários negativos sobre os relacionamentos de amigos dele que parecem sérios? Ele faz perguntas vagas e confusas, como "O que *é* o amor?" ou "O que há de tão maravilhoso no casamento?". Ele já conversou alguma vez sobre o futuro? Quando o relacionamento de uma cliente não está dando certo, uma das primeiras perguntas que fazemos numa consulta é: "Ele mencionou a palavra *casamento*?" Na maior parte das vezes, a resposta é não. Ele fala alegremente sobre carros, esportes, acontecimentos atuais, tudo, menos casamento. Se esse é o caso com o seu namorado, não se surpreenda se ele não quiser ser exclusivo, ou se acabar não querendo casar com você. Esse ar de desprezo em relação ao compromisso existe principalmente na universidade, os homens não estão interessados em um relacionamento de longo prazo. Só querem estudar, se divertir e experimentar coisas novas, como ficar com uma loura, uma morena e uma ruiva no mesmo semestre. Até os tímidos, que não praticam esportes, não estão buscando compromisso aos 20 ou 22 anos de idade.

Vamos supor que o seu namorado esteja dizendo todas as coisas certas. Como fazer para que ele assuma o compromisso? Se for um relacionamento de acordo com as *regras*, não deve ser nenhum sacrifício para ele esse compromisso. Ele deve ficar feliz com isso. Ele a ama e quer passar o resto da vida com você, certo? Você só tem de ajudá-lo a iniciar esse "resto da vida dele". Se o relacionamento começou dentro das *regras* (ele falou com você primeiro, ou entrou em contato pelo seu perfil de namoro online), mas então você quebrou as *regras* (transou com ele sem compromisso e enviou mensagens de texto a qualquer hora), é provável que ele não esteja muito ansioso para oficializar esse namoro porque está recebendo todos os benefícios da união *sem* aliança e sem casamento. Se for esse o caso, você precisa recuar para ele sentir que a está perdendo, e só depois dar um basta e falar do futuro. Ocupe-se no trabalho, viaje um fim de semana com amigas, ou vá diminuindo a frequência e aumentando o espaço de suas respostas às mensagens dele. Se nunca foi um relacionamento de acordo com as *regras*, não deve dar certo no final. Em todo caso, a única forma de descobrir é perguntando para ele.

Algumas mulheres ficam chocadas quando sugerimos que perguntem quais são as intenções deles. Elas dizem "mas isso não é muito agressivo?", ou "amor não deve ser amor?", ou "pensei que falar disso fosse contra as *regras*". Outras têm apenas medo de saber a resposta. Mas é isso mesmo. Se você perguntar e seu namorado mudar de assunto, ficar irritado ou disser que o momento não é bom, que não pode se comprometer por causa de problemas no trabalho, ou financeiros, então talvez você tenha de dizer a ele que é antiquada e que não acredita em namorar para sempre. Se mesmo assim ele continuar a inventar desculpas, sugira um tempo. Diga a ele que pense nisso quando puder e que fale com você quando estiver preparado para assumir um compromisso. Mulheres que seguem as *regras não* sugerem aconselhamento de casais. Nós simplesmente desaparecemos e damos a ele todo o espaço de que precisa até sentir tanto a nossa falta que resolva se comprometer... ou não. A verdade é que um homem costuma saber nos primeiros encontros se pode se imaginar casado com você, ou não. O resto do relacionamento não passa de um monte de detalhes.

Por outro lado, se ele fizer alusão feliz aos planos para o futuro, mas não disser nada específico, até quando você deve esperar que ele a peça em casamento e o que deve fazer até lá? As mulheres perdem a noção durante esse período entre um comprometimento verbal e a aliança. Elas realmente querem apressar as coisas, não têm muita paciência e ficam supertensas. Seus namorados têm o poder de torná-las esposas ou de mandá-las de volta para o site de namoro. Entendemos que isso é muito estressante. Nossa sugestão é usar de diplomacia e perguntar a ele qual é o projeto dele em termos de tempo e prazos. Costumamos recomendar que as clientes digam mais ou menos isso: estou gostando do nosso convívio, mas estive pensando quais são as suas intenções e para quando.

Se ele disser "não se preocupe, ficaremos noivos em breve", quanto tempo você deve dar para ele cumprir isso? Perdemos a conta do número de mulheres que nos procuraram para dizer que seus namorados as pediram em casamento, mas sem aliança, ou então não querem marcar uma data. Continua tudo muito vago. Dizemos que ela deve dar de seis meses a um ano para o namorado aparecer com uma aliança e resolver a logística toda. É claro que esse tempo pode parecer uma eternidade para a mulher que não tem o anel no dedo, mas é apenas mais um momento em que a mulher que segue as *regras* deve praticar o autocontrole. Lembre que os homens muitas vezes querem fazer o pedido de casamento do jeito deles, e as mulheres devem deixar. Não puxe assunto de lapidação, joias, nem fale de aliança ou anel nenhum até ele pedir. Se forçar demais, ele vai achar que você só quer a aliança ou o casamento, não ele. Mas se o período de um ano de espera que sugerimos chegar e passar em branco, talvez você tenha de terminar o namoro. Mulheres que seguem as *regras* não são caçadoras de ouro, mas também não são capachos.

Alyssa, 30 anos, entrou em contato conosco para saber como fazer o namorado (há três anos) se comprometer. Tinha sido um namoro de acordo com as *regras* no início, mas ela se encontrava regularmente com ele cinco dias por semana, estiveram juntos em viagens de férias de uma semana por seis vezes e ela enviava mensagens de texto com frequência. Ele não tinha pressa nenhuma de casar. Ficava sempre adiando a data em que a pediria em casamento, do Dia do Memorial ao fim de semana do Dia do Trabalho, ao aniversário dele e depois ao aniversário dela. É óbvio que nós ficamos céticas. Alyssa parou de vê-lo tanto durante algumas semanas, para ele ter a chance de sentir sua falta, e depois disse gentilmente: "Sou antiquada. Não sei se posso continuar namorando você sem a aliança e a data do casamento." Ele disse que tinha problema para se comprometer por causa do divórcio complicado dos pais e que não sabia quando estaria preparado para isso. Sugeriu que fizessem um aconselhamento para casais, mas depois de oito sessões continuou indeciso. Dissemos para ela: "Próximo!" Depois que ela terminou o namoro, ele rapidamente enviou um e-mail perguntando para onde devia enviar as coisas dela e nunca mais procurou Alyssa. Ela ficou arrasada. Foi uma lição muito dolorosa que ela levou muito tempo para aprender, mas acabou resolvendo que nunca mais ficaria tanto tempo assim com um homem.

Em nota mais auspiciosa, April, 35, que já namorava havia dois anos e meio, agora tem a aliança e a data do casamento. Seu namorado, que é divorciado, só falava do futuro em termos gerais.

Ela perguntou diversas vezes quando iam casar, e ele respondia que não podia pensar nisso muito rapidamente por causa da economia e das "coisas que rolavam com a ex-mulher e os dois filhos pequenos". Ela veio nos procurar porque queria saber se ele falava sério ou se era apenas embromação. Pusemos April em um plano de três meses, de vê-lo cada vez menos, sem mencionar casamento *de forma nenhuma*. No fim das contas, ela deu o ultimato: "Gosto muito de estar com você, mas sou antiquada e não posso continuar sem um compromisso." Ela mal pôde esperar para nos contar a resposta dele: "Se casar com você é a única forma de vê-la mais, vamos casar."

A diferença entre as histórias de Alyssa e April é o não cumprimento das *regras* ao longo do caminho. Independentemente disso, a única maneira de saber se um homem planeja casar com você é perguntar quais são as intenções dele, desde que todo o resto esteja dando certo. Mulheres que seguem as *regras* não perdem tempo. Um homem que diz que ama você, mas não pode casar por qualquer motivo, simplesmente não ama o suficiente. Elimine as suas perdas e encontre alguém que realmente veja um futuro com você, não importa o que mais aconteça na vida dele.

FELIZES PARA SEMPRE!

Nós adoramos finais felizes! Recebemos sempre convites de casamento das mulheres que seguem as *regras* do mundo inteiro, e temos até uma página de histórias de sucesso no nosso site. Aqui está uma das nossas preferidas, que soubemos quando estávamos escrevendo esse livro. Nossa cliente Tracy estava nos Alpes suíços fingindo gostar de esquiar. Todd, o namorado dela havia um ano e um mês, levou-a para a Suíça num feriado de quatro dias para comemorar o aniversário dela, de 33 anos. Tracy queria celebrar com um belo anel de diamante no dedo. Também detestava esquiar e não tinha o que vestir. Mas ele pediu que ela fosse de qualquer jeito. Tracy concordou contrariada e prometeu manter contato conosco pelo Blackberry. Semanas antes havia perguntado quais eram as intenções dele, ao que ele respondeu que não gostava de sentir "uma arma apontada para a cabeça dele". Dissemos a ela que não reagisse e que não esquecesse que os homens às vezes nos testam para ver se deixamos que façam seu pedido do jeito que preferem, ou se vamos ser divas complicadas.

Estávamos acompanhando Tracy desde que Todd, 38, fez contato com ela no site de namoro. A bela morena organizadora de festas tinha um histórico de paixões intensas que nunca deram certo e estava decidida a mudar as coisas dessa vez. Tracy obedecia a um plano rígido de disciplina militar: vendo Todd só duas vezes por semana, escrevendo o mínimo de mensagens de texto e desaparecendo entre os encontros. Todd falava do futuro de um modo geral, mas deixou bem claro que não tinha pressa de casar, pois passara por um fim de namoro complicado com a ex-namorada que viveu com ele três anos.

O aniversário de Tracy chegou e passou na primeira noite do feriado, sem nenhuma aliança à vista, apenas um jantar romântico. Dissemos para Tracy que seria previsível demais Todd propor no jantar de aniversário dela, já que a maioria dos homens gosta de fazer do seu jeito e de surpreender a mulher dos seus sonhos. O dia seguinte foi ainda pior. Tracy caiu na pista intermediária e rompeu um ligamento do tornozelo. Enviou mensagem de texto para nós da estação de esqui: "Estou de muletas, não dá mais para esquiar. Posso ir para casa agora? Ele não está com jeito de propor nunca!" Lamentamos o tornozelo dela, mas recomendamos que cumprisse a viagem até o fim para ele não pensar que ela era maluca, obcecada pelo casamento. Asseguramos que, se ele não fizesse a proposta de noivado até o fim do feriado, ela podia dizer "Sou antiquada e não acredito em namoro de mais de um ano e meio sem aliança e sem data de casamento marcada", e depois dar um tempo. Afinal, ele tinha 38 anos, não 28!

Dois dias depois recebemos um e-mail da Tracy dizendo: "Ele fez! Estou felicíssima, envio os detalhes depois."

Na última noite da viagem, num jantar romântico num restaurante nos Alpes, Todd disse que seu casaco parecia pesado. Tracy comentou que devia ser porque era de couro. Ele disse que não, que havia alguma coisa pesada no bolso... e tirou uma aliança! Tracy, que era de Los Angeles e muito falante, ficou tão chocada que entrou em transe e emudeceu. Todd não parou de falar sobre o futuro dos dois, e ela mal conseguia lembrar o que ele disse. Então ele fez o pedido *outra vez*, o que foi engraçado, porque ela estava imaginando se ele ia fazer isso uma vez, algum dia. Ela escreveu para nós: "Estou rindo muito. Depois de pedir duas vezes, ele perguntou: 'Agora você vai responder todas as minhas ligações e todas as minhas mensagens de texto?'" Nós respondemos: "Claro que sim, tudo que ele quiser... Você bancou a difícil, agora seja gentil com ele."

Por que contamos essa história? Porque Tracy nem sempre quis seguir *As regras* quando fizemos o acompanhamento do caso dela. Às vezes queria ver Todd cinco vezes por semana, teria enviado mensagens de texto e respondido às dele o dia inteiro, teria viajado com ele para a Europa uma semana inteira depois de conhecê-lo apenas há três meses, e teria ido morar com ele também. Sem apoio, teria dito "Esquiar? Você deve estar brincando. Vai casar comigo ou não?", ou "Não acredito que você não me pediu em casamento no meu aniversário!". Sem *As regras*, Tracy teria estragado tudo! Mas ela bancou a difícil e conquistou seu príncipe encantado.

REGRA 31

Próximo! e outras *regras* para enfrentar a rejeição

Ser rejeitada nunca é fácil, por mais errado que o homem seja para você ou por mais que ele tenha errado com você. Hoje em dia as rejeições podem ser mais dolorosas do que nunca. O homem pode anunciar o fim do namoro no facebook, ou declarar que está finalmente "solteiro" no Twitter. Ele pode enviar e-mails perversos e humilhá-la publicamente, além de provocar angústia. E se você resolver continuar ligada ao seu ex nesses sites, poderá ver as atualizações de status, ou fotos dele com a nova namorada ou outras mulheres, e descobrir que ele seguiu em frente.

Se o relacionamento não dá certo, é porque não é bom para você. Mas o que mais acontece com as mulheres rejeitadas no fim de namoro é que elas não querem saber se o homem pelo qual estão sofrendo é bom para elas. Simplesmente o querem de volta!

Quando as mulheres nessa situação entram em contato conosco e pedem uma consulta, fazemos tudo que podemos para descobrir se o relacionamento pode ser salvo. Se concluímos que a nossa cliente cometeu um erro que pode ser consertado, ou que existe uma chance de tê-lo de volta, por menor que seja, sugerimos uma ligação, um e-mail ou mensagem de texto para encerrar. Ela pode enviar *uma* mensagem dizendo mais ou menos isso: "Oi, eu só queria saber como você está", para ver se ele morde a isca. Se foi um relacionamento de acordo com as *regras* desde o início, e se ele demonstra interesse em voltar, ela entra num plano rígido de difícil de conquistar, mas fácil de conviver. Se não foi um relacionamento de acordo com as *regras*, ou se o ex já está saindo com outra, recomendamos que ela siga em frente e rápido. Dizemos: "Próximo!", e com isso sugerimos que ela seque as lágrimas, vá a uma festa ou boate em que ele não estará com certeza e entre num site de namoro o mais depressa possível.

Claro que nem sempre é fácil seguir em frente, entendemos e nos solidarizamos completamente com isso. Mesmo se o homem não presta, ela pode se recusar a enxergar isso, ou resolve ignorar e continua querendo-o de volta. Talvez ele seja sua paixão do colégio, talvez tenha perdido a virgindade com ele, ou talvez seja o noivo dela. Mesmo quando ele diz "Adoro você, mas não estou apaixonado por você", ou "Nós não combinamos", ela pode querê-lo de volta. Ela só fala dele, do namorado que terminou com ela, de nada mais. Fica remoendo sem parar tudo o que aconteceu até o fim do namoro, com a esperança de poder entender o que deu errado e o que fazer para dar certo.

Ela também tem muitas dúvidas sobre a logística. Deve responder às mensagens de texto dele? Não! Aceitar convites para transar no meio da noite? Definitivamente não! Ainda deve dar os presentes de aniversário dele? Achamos que não! Escrever uma carta de encerramento falando do relacionamento e agradecendo a ele pelos bons momentos? Nada disso! E o que ela deve fazer com as coisas dele que estão na casa dela, e como receber de volta as suas coisas que estão na casa dele? Quem se importa com isso? Compre um novo ferro de passar. Levante-se, vista-se e saia! Algumas fazem isso, mas outras se recusam até a ver fotos do ex com a nova namorada no facebook. Não importa o que isso vai provocar, mas toda mulher precisa entender no mais fundo da alma que o relacionamento acabou de vez e que é preciso seguir em frente.

Eis algumas maneiras dentro de *As regras* de superar um ex:

- **Comece a ter novos encontros o mais rápido possível.** Já dissemos isso? Nunca é demais dizer outra vez. A melhor vingança é se produzir toda e conhecer novos caras, que, diferentes do seu ex, acham você fabulosa. Com que urgência, você talvez pergunte. Quanto mais cedo, melhor. E falamos de hoje à noite ou amanhã, não um mês ou daqui a cinco meses. As mulheres que foram rejeitadas muitas vezes dizem que "não estão preparadas" para namorar tão rápido, que nem conseguem pensar nisso porque estão sofrendo muito. Mas essa conclusão é um grande erro. Você pode ter seus sentimentos de tristeza, mas tenha antes e depois de festas e encontros. Não *no lugar* de festas e encontros. Ficar amarrada ao que deu errado com seu ex acaba ajudando a seguir as *regras* com um novo homem porque o seu coração não estará por completo nesse novo relacionamento. E isso é muito bom! Temos ouvido inúmeras histórias de mulheres que conheceram seus futuros maridos logo depois do fim de um namoro. Por quê? Porque estavam tão envolvidas emocionalmente com o relacionamento que não deu certo, que não prestaram muita atenção na nova paquera, e assim se tornaram um desafio mesmo sem se esforçar para ser. Além disso, conhecer alguém novo ajuda a dissipar sua tristeza e sua raiva do ex. Funciona de um lado e de outro.

- **Faça uma faxina!** Que seja divertida. Convide uma amiga para ir à sua casa participar do exorcismo. Livre-se de tudo o que ele lhe deu. Rasgue, jogue fora ou queime cartões, fotos, venda as joias, doe livros, DVDs, roupas e outros objetos. Apague todas as mensagens de texto e e-mails dele. Não se transforme numa Bridget Jones! Tirar do seu mundo as coisas que a fazem lembrar dele ajuda a pensar menos nele. Esse tipo de faxina vai prepará-la para o recomeço que você precisa e merece. Melissa Rivers confessou no programa dela *Joan e Melissa: Joan sabe das coisas* que fez um enorme exorcismo depois do fim do namoro, comprou um colchão novo, toalhas, jogou fora o computador em que tinha visto os sites de sexo que ele frequentava e os e-mails de outras mulheres.

- **Lembre dos momentos ruins, não dos bons.** Se vai pensar no seu ex, pense na última briga, em como ele a magoou. Concentre-se nas mentiras que ele disse, em como foi egoísta, lembre que ele não gostava da sua irmã e que às vezes era simplesmente difícil. Toda vez que sentir que o seu coração está cheio de lembranças de um encontro romântico com ele, ou de como se divertiu naquele jogo de beisebol, deixe que voltem aquelas lembranças dos momentos ruins também. Elas são o antídoto da saudade que talvez sinta depois do fim do namoro.

- **Não escreva nenhuma carta, mensagem de texto, e-mail, publicação no facebook, no twitter, nada.** Existe um ditado que diz: não há no inferno fúria maior do que a de uma mulher despeitada. E é verdade. Conhecemos mulheres que publicaram coisas raivosas e perversas como "você vai se arrepender", ou "você e a vadia da sua namorada se merecem", ou "quero arrancar meu coração, mas alguém já fez isso". Não seja burra. Se enviar mensagens de ódio, o mesmo homem que disse que a ama um dia pode dizer que você o está assediando e ameaçar chamar a polícia. A melhor jogada é não entrar em contato com ele de forma alguma. Desfaça a amizade, pare de seguir, apague-o dos seus contatos, tudo que precisar fazer. Nessa altura, não se preocupe que isso possa demonstrar que ele tem importância demais para você. Ainda é a melhor ideia para todos. Querer se vingar só vai impedir que você siga em frente. Se tiver de desabafar ou extravasar alguma raiva, envie suas queixas por e-mail para uma amiga ou para a sua terapeuta, para que alguém mais no mundo saiba o que está sentindo. Outra boa opção é escrever tudo e depois apertar o botão para apagar. Mas a última pessoa que deve ler seu desabafo é o seu ex!

Daniele, 32, mandou uma carta de sete páginas escrita à mão para o ex, explicando que ele a tinha magoado muito. (Evitou enviar e-mail porque tinha medo de que ele encaminhasse para os amigos.) Mas nunca mais soube dele. Quando o encontrou por acaso, um dia no shopping, perguntou o que ele tinha achado da carta e ele disse que nem recebeu. Lembra do episódio de *Friends* em que Rachel escreve uma carta de oito páginas para Ross para saber se eles estavam a ponto de terminar? Ross adormece enquanto lê a carta e finge concordar com o que Rachel escreveu, por isso eles voltam. Mas quando ele *realmente* lê a carta e vê que ela passou oito longas páginas botando a culpa nele, terminam o namoro de vez! Não perca seu tempo. Essa energia toda seria melhor empregada escrevendo o seu novo perfil num site de namoro.

• **Não escreva atualizações de status sobre o seu ex, nem sobre a sua dor de cotovelo para receber solidariedade dos seus amigos e amigas.** Ashley, 24, publicou no seu mural do facebook: "Não acredito que desperdicei um ano com um cara tão imaturo." À moda de coro grego, as amigas comentaram: "Vá em frente garota. Qualquer homem terá muita sorte de estar com você. Foi ele que perdeu!" Isso é carinhoso, mas essa publicação só chama atenção para uma situação nada boa. Faz com que ela pareça furiosa e patética para todos, inclusive qualquer desconhecido interessante!

• **Não recorra à família ou aos amigos do seu ex para tentar fazer com que intercedam por você.** Eles provavelmente não farão isso e, mesmo se fizerem, seu ex não dará ouvidos. A mãe dele, a irmã dele ou o melhor amigo não podem fazê-lo mudar de ideia nem amar você outra vez.

A boa notícia é que toda cliente que seguiu em frente rapidamente, conheceu e casou com o homem certo para ela, também entendeu, olhando para trás, que o ex por quem estava sofrendo tanto não era para ela. "Meu marido é muito melhor para mim do que o meu antigo namorado. Temos muito mais em comum e não brigamos", disse Briana, 32, cliente que no começo sofria demais para acreditar que haveria vida depois do ex. É verdade, a rejeição costuma ser uma bênção disfarçada. Por isso, se ele acabou de terminar o namoro com você, não se amofine nem fique com raiva. Empate o jogo conhecendo alguém que seja muito melhor para você!

V
As 20 coisas que mais desanimam um homem... Nós sabemos, perguntamos para eles!

Pesquisamos centenas de homens, universitários, em seus vinte e tantos anos e até nos cinquenta. Conversamos com solteiros, namorados e maridos. Muitos disseram as mesmas coisas quando perguntamos o que menos gostavam nas mulheres que namoraram. Você vai ver que todas as *regras* que comentamos vão ajudá-la a combater esses problemas. Se você não sabe por que o seu namorado está perdendo o interesse por você e teme que ele queira terminar, pode encontrar a resposta nesta lista. Conserte isso antes que seja tarde, ou trabalhe mais no próximo relacionamento.

Eis a nossa lista das 20 mais:

1. **Esforço demais.** Os homens gostam das mulheres tranquilas que vão conforme a maré.

2. **Muitas tatuagens, piercings e acessórios estranhos.**

3. **Esbarrar com ele de propósito o tempo todo** (isto é, em um bar ou numa festa) ou aparecer nos lugares em que sabe que ele vai estar, sem ser convidada.

4. **Enviar mensagem de texto ou verificar mensagens no facebook quando sai com ele.** Como disse um deles: "Será que sou tão chato assim para você ter de ficar no celular com outra pessoa? Como se sentiria se *eu* fizesse isso?"

5. **Escrever coisas possessivas no mural dele,** ou coisas que são pessoais demais e com potencial para constrangê-lo.

6. **Criticá-lo para amigos comuns ou na frente deles.**

7. **Ir para a cama cedo demais,** já que isso pode sinalizar que você está desesperada.

8. **Comer demais ou o inverso,** dar para os homens uma relação diária do que está comendo e do teor calórico. Como disse um deles: "Não me importo se você comeu almôndegas ou pizza o dia inteiro."

9. **Tentar ficar amiga do ex se comunicando com ele e inventando maneiras de encontrá-lo.** "Isso me deixa louco. Será que ela gostaria se eu mantivesse contato com a minha ex? Não me transforme no namorado ciumento que você detesta."

10. **Não cuidar da própria aparência.** (Os homens se importam mais com a aparência do que você imagina!)

11. **Matar aula ou ser demitida do emprego.**

12. **Codependência.** "Se ela precisa de mim para se sentir completa, deve ter algum tipo de distúrbio ou deficit de personalidade", disse um.

13. **Reclamar de alguma coisa que pode facilmente consertar ou mudar por conta própria.** Quando uma mulher diz "não vou à academia há meses, isso é muito ruim", ele tem vontade de dizer, "então vá!".

14. **Maquiagem demais, cirurgias plásticas demais.**

15. **Fazer amizade com os amigos de um homem para poder andar com os mesmos grupos e nos mesmos lugares que ele.** "Não estou falando de mulheres que se tornam amigas dos amigos do namorado de modo normal e saudável. Todos nós queremos isso. Falo das mulheres que forjam amizade com os meus amigos de modo forçado logo no início do relacionamento, com os motivos equivocados para se aproximar de mim. É agressivo."

16. **Interesse demais em coisas materiais.** "Eu gosto das mulheres com bom gosto e estilo, mas elas também têm de demonstrar algum interesse que vá além de bolsas, sapatos e roupas, como acontecimentos atuais, política, esportes e hobbies ou interesses pessoais."

17. **Cabelo curto.**

18. **Ser questionadora, crítica, negativa ou sarcástica demais.**

19. **Ficar vergonhosamente bêbada.** "Não é bonito nem sexy."

20. **Comparar o relacionamento com outros relacionamentos e/ou "nunca estar satisfeita porque está sempre projetando o futuro"**, disse um deles.

VI
Respostas para as perguntas mais frequentes sobre *As regras*

Procuramos tratar de todos os cenários concebíveis sobre o mundo atual do namoro nesse livro, mas selecionamos aqui as perguntas mais comuns que recebemos no nosso serviço de consultas.

Parte desse conteúdo já foi discutido, especificamente, ou em geral. Independentemente disso, essa seção serve como referência rápida e útil para você quando estiver praticando *As regras*.

P: *Um homem me enviou a seguinte mensagem: "oi, quer sair comigo um dia desses?" Eu respondi: "tudo bem", mas nunca mais soube dele. Como faço para ele retomar o diálogo?*
R: Não faz! Se um homem sugere um encontro, mas nunca especifica nada depois que você aceita, ele é perda de tempo. Próximo! Conhecemos mulheres que escrevem de volta: "sim, quando?", ou "ótimo, estou livre quinta e sexta esta semana e quarta na semana que vem", achando que assim ele vai convidá-las, só que não funciona. Responda simplesmente "claro", e seja o que tiver de ser. Tentar forçar um homem nunca funciona a longo prazo. Ele pode se sentir obrigado, ou culpado e aceitar marcar o encontro, mas se você tiver de empurrá-lo

para isso, não é para ser. Lembre que os homens enviam mensagens para muitas mulheres quando estão entediados numa fila de banco. Talvez a mulher de quem realmente gosta estivesse disponível, por isso ele nunca mais falou com você. Aceite isso e siga em frente!

P: *Algumas amigas acham que as* regras *são loucura e me pressionam para enviar mensagens e convidar os caras para sair. O que devo fazer?*
R: Não tem de discutir suas estratégias de namoro com essas amigas. Apenas mude de assunto ou diga que não está usando estratégia nenhuma. Pode dizer: "Que regras?"

Já é bem difícil cumprir as *regras* com uma rede de apoio. A última coisa de que você precisa é de crítica ou controvérsias com suas melhores amigas. Procure encontrar pelo menos uma amiga que siga *As regras*, entre para um grupo de apoio (veja no nosso site, www.therulesbook.com, contatos de *As regras* pelo mundo todo), ou pesquise os fóruns, blogs, conferências por telefone de *Regras* online. Há contatos *Regras* para adolescentes, para a faixa dos 20 até 50 e para mulheres divorciadas. É uma boa ideia enviar e-mail para os seus contatos e discutir seu comportamento no namoro para se responsabilizar pelos seus atos e não sair em empreendimento solo. Cumprir as *regras* pode ser um esforço solitário se você é a única de suas amigas que não fica enviando mensagens para os homens o dia inteiro, ou transando com eles. Se não houver nenhum contato perto de você, pode iniciar um grupo ou oferecer-se para ser uma treinadora das *regras* do namoro, fazer seminários na sua cidade para conhecer mais mulheres que seguem as *regras* e que se apoiam mutuamente.

P: *O homem por quem sou loucamente apaixonada descobriu o livro* As regras *no meu quarto. O que eu faço?*

R: Se ele gosta de você, não vai se importar. Se fizer muitas perguntas, diga apenas que se inscreveu num seminário ou coisa assim muito tempo atrás e que já tinha esquecido. Não se preocupe, se o cara acha você bonita fazendo ioga, tricotando ou seguindo *As regras*, vai achar legal e interessante. Evidentemente não sugerimos que você dê qualquer informação sobre as nossas estratégias de namoro, mas se ele descobrir, tudo bem. Não é motivo para quebra de contrato!

P: *Posso usar emoticons? Existe alguma orientação para a forma dos textos?*

R: Emoticons são ótimos para amigos, mas sugerimos que use raramente com namorados, porque demonstram interesse demais. Seja simples, use apenas a carinha sorridente para dar os parabéns e uma carinha triste para indicar "sinto que você esteja doente"... E só isso.

Apoiamos o uso de abreviações como FCVD (falo com você depois), ou LOL (rindo alto), já que esses indicam que você está ocupada demais para escrever longas frases. Você deve escrever menos do que ele sempre.

P: *Com que frequência devo entrar no site de namoro online que estou usando?*

R: Uma ou duas vezes por dia é mais que suficiente, mas nunca nos fins de semana. Namoro virtual não deve ser toda a sua vida, apenas parte dela. Não esqueça que em alguns sites os outros usuários podem ver a última vez que você entrou. Mas mesmo se você entrou dez vezes num dia de tédio, não se preocupe muito com isso. Desde que não esteja tomando a iniciativa de falar com os homens primeiro, não é a pior coisa do mundo e não impedirá que um deles persiga você – ele pode até achar que você está sempre no site porque muitos outros estão escrevendo para você.

P: *Tive dois encontros com um homem e ele não para de enviar mensagens sobre novos encontros, mas eu não sinto nada por ele. Devo continuar saindo com ele, ou terminar?*

R: As *regras não* se aplicam a sair com um homem de quem você não gosta. Namorar não é caridade. Diga apenas "Você parece um cara muito legal, mas eu não senti o estalo... Desculpe, e boa sorte!", quando ele enviar outro convite para sair. Se achar que ele é realmente legal, pode indicar para uma amiga.

P: *Um colega de trabalho fica olhando para mim e sempre senta ao meu lado nas reuniões, conta piadas. Isso está acontecendo desde que comecei a trabalhar nessa firma, há três meses. O que faço para ele me convidar para sair?*

R: Nada! Alguns homens gostam de olhar, mas não significa necessariamente que estão interessados. Alguns têm namorada, ou são casados e não usam aliança, e outros estão apenas entediados. Se o homem não a convida para sair, é um relacionamento fantasioso.

P: *Tenho frequentado eventos para solteiros, namoro garantido e namoro online nesses últimos nove meses e não conheci ninguém que me interessasse. Os poucos de quem gosto não falaram comigo. Quanto tempo tenho de ficar nessa de me produzir toda e ir aos encontros? É exaustivo e frustrante. Como faço para continuar indo se não tenho resultado nenhum para mostrar?*

R: Ser solteira é mais ou menos como estar sem emprego. Não paramos de procurar até sermos contratadas – ou até encontrar o cara certo. Se uma cliente diz que vai parar de ir aos encontros, ou que está cancelando sua participação no OKCupid, perguntamos por quê. Em geral elas dizem "não conheci ninguém que servisse". Nós achamos que essa reação é completamente irracional. Você não vai conhecer ninguém se parar de sair. Transforme isso em parte da sua rotina, chova ou faça sol, a tentativa de conhecer homens disponíveis uma ou duas vezes por semana. Pode ser como ir à academia duas vezes por semana, sinta vontade ou não. Se fosse para a academia só quando tem vontade, não estaria em boa forma. Mas as pessoas querem ficar em forma mesmo detestando ir para a academia, certo?

P: *Quando um homem diz "envie mensagem de texto para mim", ou "não seja uma desconhecida", ou "solicite a minha amizade no facebook", posso entrar em contato com ele?*

R: Não, não pode. Ele precisa ser o primeiro a entrar em contato com você. Fazer qualquer uma dessas coisas acima seria iniciar a conversa. Os homens que dão essas sugestões podem ter sido mimados por mulheres que não seguem *As regras*, ou têm esperança de que você faça todo o trabalho para manter o relacionamento, porque não têm interesse suficiente para isso. Não caia nessa conversa! Os homens sempre dizem "gosto quando as mulheres tomam a iniciativa", mas não costumam casar com essas mulheres. Não dê ouvidos ao que os homens dizem. Observe o que eles fazem. Homens adoram um desafio, por isso seja esse desafio ignorando esses pedidos.

P: *Por que os homens pedem meu número de telefone e nunca ligam para mim?*
R: Porque não estão interessados, podem ter querido ser educados, ou encerrar a conversa sem magoá-la. Às vezes o homem pede seu telefone numa festa, mas conhece alguém de quem gosta mais logo depois. Alguns colecionam os números só pelo prazer da conquista, ou para se vangloriar com os amigos, "peguei oito números a noite passada". Talvez ele planeje usar um dia quando estiver sozinho e entediado, ou para uma transa de última hora. Se um homem obtém o seu telefone e não usa até uma ou duas semanas depois, é porque não gosta bastante de você. Não pense muito nisso, trate de seguir adiante!

P: *Um recém-conhecido para quem dei o número do meu telefone enviou mensagem de texto às sete da noite de sexta-feira. Posso escrever de volta quatro horas depois, às onze horas de sexta?*
R: Não! Assim como há os períodos proibidos na utilização da milhagem de companhias aéreas, há períodos de apagão na comunicação com os homens, especificamente das seis da noite

de sexta-feira até as seis da noite de domingo. Senão você vai acabar numa orgia de mensagens de texto com um cara que pode estar se comunicando com cinco ou seis mulheres sábado à noite e desperdiçando o seu tempo. Espere até domingo à noite e responda: "Oi! Tive um fim de semana supermovimentado, só agora pude responder..."

P: *Um homem fez contato comigo através de um site de namoro (ou e-mail, ou facebook) e disse: "O meu telefone é esse. Envie mensagem para mim." Devo me dar ao trabalho de responder?*
R: Antes de mais nada, não fique ofendida se ele não pediu o seu número. Talvez outras mulheres o tenham mimado enviando a primeira mensagem, ou então ele pensa que você não vai querer dar seu número por motivo de segurança. Seja qual for a razão, envie e-mail para ele respondendo: "Tudo bem, ótimo, fique com o meu número também..." Depois espere até ele entrar em contato. Não diga "Não vou enviar mensagem primeiro, é você que tem de escrever para mim". Não contamos para os homens nossas estratégias de namoro.

P: *Vocês mencionaram que nós recebemos "uma mensagem de texto (ou ligação) para encerrar o namoro". Eu estava saindo com um homem havia dois meses, sem exclusividade, e ele de repente parou de ligar para mim, há três semanas. Posso entrar em contato com ele para terminar?*
R: Não. Ficar três semanas sem notícia de um homem já é o fim da paquera ou namoro. Você não precisa descobrir por quê, nem tornar o fim mais oficial do que já é. A única hora que merece uma "ligação de encerramento" é quando o homem

termina um relacionamento sério e exclusivo e você mais tarde percebe que quebrou algumas *regras* e o quer de volta. Nesse caso, basta escrever para ele "Oi, como vão as coisas?", e ver se ele demonstra algum interesse em conversar ou encontrar você. Se ele responder, aja com o máximo de leveza e mude qualquer comportamento que possa tê-lo afastado. Se ele não quiser conversar nem sair com você, siga em frente e não quebre as *regras* no seu próximo relacionamento.

P: *Estou apaixonadíssima por um cara que namoro há seis meses. Posso dar para ele a senha do meu facebook ou do meu iPhone para mostrar que temos um bom relacionamento, sem segredos? E devo pedir a senha dele para provar que ele me ama?*
R: Não. A falta de limites, ausência de fronteiras não têm nada a ver com as *regras*. O amor não é um livro aberto, nunca. Dar a senha para um homem é como dar a chave do seu diário. Na verdade, costuma ser a melhor receita para o desastre porque pode levar ao fim do namoro se um de vocês encontrar qualquer mensagem que possa magoá-lo. Ser uma mulher que segue *As regras* significa ser discreta.

P: *Posso entrar em contato com os homens num site de namoro só para dizer oi e pedir para eles verem o meu perfil? Há milhares de mulheres por aí... A chance de meu perfil aparecer na pesquisa de um homem é muito pequena. Acho que a única que tenho é tomando a iniciativa e depois seguir as* regras *e ficar esperando que ele me convide para sair.*
R: Entendemos o que você sente, mas não é seguir as *regras* fazer o primeiro contato com um homem por motivo nenhum.

Se o seu perfil não aparece na busca dele, ora, então não era para aparecer mesmo. *Qualquer* tipo de contato inicial num site de namoro é assumir a dianteira, mostrando que você gosta dele, do perfil dele, e assim nunca saberá se ele teria vindo atrás de você por conta própria. É como dar um tapinha nas costas de um homem numa festa para garantir que ele note você, porque há muitas outras mulheres na sala. Parte das *regras* é confiar no universo e saber que o cara vai encontrar você e que você não terá de fazer nada acontecer.

P: *Como é que* As regras *tratam de bate-papo com vídeo?*
R: Como todo o resto, menos é mais com bate-papo em vídeo. A primeira vez que um homem chamá-la pelo FaceTimes, diga "eu não gosto disso". Se ele perguntar por que você recusou, use uma dessas desculpas: "meu wi-fi não está funcionando"; "não estou a fim"; "agora não posso"; não, hoje não"; ou "estou com o meu telefone no alto-falante e fazendo outras coisas". Se ele tentar de novo, você pode aceitar uma de cada três vezes e ficar só dez minutos de cada vez. Se ele puder vê-la toda vez que chamar, ficará entediado. Se um homem insistir para você conversar com ele por vídeo, então ele é um alerta ao consumidor. Qualquer um que tente fazer com que você se sinta culpada por isso é pedante e não serve para você de qualquer maneira.

P: *Convidar um homem para sair é possível em algum momento?*
R: Não. A única exceção é se você precisa de um par para a formatura, ou para a festa dos namorados da irmandade, ou se for uma festa de papéis trocados, em que as mulheres convi-

dam os homens. Nesses raros casos, sugerimos que você convide um amigo platônico, não alguém por quem esteja apaixonada. Não queira usar essas festas para lançar o amor da sua vida, senão poderá se magoar se ele disser que sim só para esse evento e não sentir por você a mesma coisa que você sente por ele. Além disso, convidar um homem para casar com você está completamente fora de questão. Desconsidere qualquer folclore de ano bissexto que diz que é sinal de boa sorte. As *regras* são trunfo para qualquer superstição.

P: *Um blogueiro de serviço de namoro online sugeriu que eu dissesse para os homens no terceiro encontro que penso em casamento e que estou procurando um compromisso sério para não ficar perdendo tempo com alguém que só deseja um relacionamento casual. Vocês concordam com isso?*
R: Não concordamos, não. Achamos que é prematuro e loucura, porque além de botar todas as suas cartas na mesa, você estará encurralando o homem e botando-o contra a parede cedo demais. A maioria dos homens vai pensar que isso é informação demais e sairá correndo. Achamos que é melhor arriscar perder tempo indo a alguns encontros e não assustá-lo assim falando do futuro. Quando você segue as *regras* agindo com leveza e encerrando os encontros primeiro, o homem que gosta de você automaticamente puxará o assunto das intenções dele. Poderá dar pistas como "Você vai adorar a lasanha que a minha mãe faz", ou "Meu melhor amigo vai se casar em junho... Vai ficar por aqui esse verão?". As intenções de um homem não podem ser descobertas pela revelação da sua mão, e sim prestando atenção nas pistas que ele dá. O mesmo que podia estar

interessado provavelmente mudará de ideia se você perguntar, na lata, para ele no terceiro encontro onde ele quer chegar com esse relacionamento.

P: *Um homem com quem tenho transado casualmente nas últimas semanas acabou de publicar uma foto no facebook dele mesmo com duas outras mulheres. Estou muito aborrecida. Devo reclamar com ele?*
R: De jeito nenhum. Você deve ignorar, ou fazer a mesma coisa. Mude a sua foto por uma de você com alguns caras bonitos, mas nunca deixe transparecer para ele que está aborrecida. Ele pode estar testando você para ver como reage, ou pode ser apenas uma piada particular com aquelas duas mulheres. Mas não tenha um chilique. Facebook não define você, nem seus relacionamentos. Vocês não estão namorando sério e ele não lhe deve nada. Criar um caso de ciúme e possessividade como qualquer outra pode assustá-lo e afastá-lo.

P: *Como faço para ele escolher a data de um encontro? Às vezes tenho a sensação de que preciso dizer quando estou livre só para impedir que a conversa fique girando e voltando ao mesmo lugar.*
R: Muitas mulheres fazem essa pergunta. Sempre que o homem liga ou envia mensagem de texto para convidá-las para sair, fica tanto para frente e para trás que a mulher tem vontade de dizer "estou livre sábado à noite!". Mas seguir as *regras* é deixar que ele diga, mesmo que custe muitas trocas, senão você vai parecer aflita demais. Então trate dessa situação assim. Se o homem diz "Oi, quer sair comigo um dia desses?", você diz apenas "Claro, parece bom". Então, quando ele disser

"Tudo bem, quando é que você está livre?", você deve dizer: "Bem, em que dia você estava pensando?" Ele pode dizer: "Que tal amanhã, terça à noite, para uns drinques?" É claro que sendo uma mulher que segue as *regras*, você teria de recusar um convite de última hora. "Desculpe, mas já tenho um compromisso." Ele pode dizer: "Então que tal quarta à noite?", e você terá de dizer: "O problema é que estou atolada de trabalho essa semana!" Então ele provavelmente vai dizer: "Tudo bem, e no fim de semana?" Você diz: "No fim de semana tudo bem", sem especificar um dia. Ele diz: "Que tal sexta à noite?" Aí infelizmente você tem de dizer: "Eu já tenho planos para sexta à noite." Então, quando ele disser sábado à noite, você finalmente pode dizer: "Claro, sábado à noite seria ótimo!" Aconteça o que acontecer, não mencione o dia da semana, é ele que tem de dizer. Lembre que ele tem de pescar e caçar, senão ficará fácil demais e ele vai se aborrecer.

P: *Saímos duas vezes e está indo muito bem. Mas eu tenho uma viagem de trabalho para fazer e vou ficar fora da cidade um tempo. Como faço para manter o fluxo a fim de que esse intervalo não perturbe o nosso relacionamento? Posso enviar mensagem de texto para ele quando voltar da viagem?*

R: Você não faz e... não, não pode enviar mensagem. É o homem que mantém o fluxo, não você. Se partir em viagem a trabalho ou de férias, partiu. Se entrar em contato com ele, pode parecer que não está se divertindo na sua viagem. Se ele contatar você, podem conversar por cinco ou dez minutos e aí você vai para alguma coisa melhor. Não envie para ele fotos da praia nem do nascer do sol. Não compre uma camiseta para ele, porque você está muito ocupada. Mesmo se sua viagem for péssima, com intoxicação alimentar, chovendo o tempo todo, atraso no voo... não entre em contato com ele. E também não deve procurá-lo quando voltar. Ele deve ficar marcando os dias para a sua volta e deve querer marcar um programa assim que você chegar. Deixe que ele vá ao seu encontro no aeroporto, ou que apareça na sua porta quando você voltar. Se ele quiser, vai descobrir um modo de manter contato e de vê-la outra vez.

P: O *homem de quem eu gosto me convidou para sair com uma semana de antecedência. Tempo mais do que suficiente! Eu aceitei mas não soube mais dele o resto da semana. Posso enviar mensagem de texto para confirmar? E se ele não me der as coordenadas (onde e quando) até o dia?*
R: Não, você não pode confirmar nada. Você está ocupada demais para notar que ele não lhe deu os detalhes. Se ele não der as coordenadas até a véspera do dia marcado, paciência. Prepare-se para ir e se ele furar, tenha um plano B. Confirmar demonstra interesse demais e... insegurança. As mulheres que seguem as *regras* não precisam disso. Elas são tranquilas e seguem a maré. Mesmo se você for do tipo que confirma tudo, reservas de voo, horário da manicure, almoço com a melhor amiga ou com a sua mãe, não faça isso com um homem!

VII
Vinte *regras* que merecem ser repetidas

1. **Não fale sobre *As regras*!** Nesse sentido, *As regras* são como o *Clube da Luta*. Você não deve contar de jeito nenhum para um homem com quem está saindo, ou que quer namorar, que segue *As regras*, nem como ele devia fazer para segui-las. Ele precisa descobrir sozinho. Além disso, você não tem de contar para nenhuma das suas amigas tampouco, se não quiser. Se achar que suas amigas não vão ajudá-la, encorajá-la e apoiá-la, não deve mesmo.

2. **E se você acabou de descobrir *As regras*?** Se andava enviando mensagens sem parar para um homem e acabou de conhecer esse livro, não é tarde demais. Não se preocupe se ele vai achar que você não se interessa ou que está sendo grosseira se de repente reduzir as interações com ele. Ele vai pensar que você está ocupada ou que saiu com outros caras. Você nunca ficou atolada de repente e sem tempo até para escrever para as suas amigas? Finja que é esse o caso agora, mesmo se não for. O que você está fazendo agora, se é vê-lo demais, viajar com ele tempo demais, ou responder às mensagens dele tarde

da noite, *trate de recuar*. Comece a seguir *As regras* hoje e veja o que acontece.

3. **Regras para transformar um amigo em namorado.** Se o homem não a convida para sair é porque não está interessado em namoro. Mas se você quiser saber com certeza, pode mencionar que está pensando em botar um perfil num site de namoro para ver como ele reage. Ele vai incentivar, ou vai tentar demovê-la dessa ideia? Você também pode ficar ocupada demais para escrever de volta ou para sair em grupo, e ver se isso faz com que ele sinta sua falta e talvez a chame para um encontro. Se nenhuma dessas táticas sutis funcionar, você pode perguntar casualmente se ele gosta de você como amiga, ou como mais do que amiga, para esclarecer de uma vez! Achamos que não faz mal nenhum essa pergunta para esclarecer as coisas, mas se ele disser que gosta de você, ainda terá de cumprir as *regras* com ele depois disso, mesmo se forem ótimos amigos. Se ele disser que não, você apenas seguirá em frente. Não há nada que possa fazer para ser namorada dele se ele não estiver interessado em você.

4. **Regras para a mulher madura.** Se você é mais velha ou se considera da "velha escola", então terá mais facilidade de dominar certas *regras*, como não tomar a iniciativa de procurá-lo e não ir para a cama com ele cedo demais. Algumas podem nem ser aplicáveis, como raramente escrever no mural dele e conversar com ele por vídeo só uma vez de cada três que ele peça. Mas isso tudo só significa que você deve se esforçar mais em outras mudanças que podem impedir que

conheça o homem certo. Eis as nossas melhores dicas para a mulher divorciada, viúva, ou que nunca encontrou seu príncipe encantado: não fique em casa com um livro, tricotando ou assistindo à televisão. Saia daí e tenha uma vida social ativa, mesmo que tenha de ir a uma festa para solteiros sozinha. Seja jovial no seu comportamento e na sua aparência. Deixe o cabelo um pouco mais comprido e use brincos de argola, saia curta e salto alto. Cabelo comprido e roupa atraente podem diminuir de dez a vinte anos da sua idade. Pense positivo! Você é uma criatura diferente das outras. Qualquer homem tem muita sorte de conhecê-la.

5. *Regras* para relacionamentos do mesmo gênero. Com toda a atenção voltada para os casamentos gay hoje em dia, você pode esquecer de pensar como deve se comportar num relacionamento gay. *As regras* existem, só que promovem um pouco mais de camaradagem e reciprocidade. Há mais equilíbrio. O *espírito* de *As regras* continua valendo: você nunca deve mostrar todas as suas cartas, nem perseguir alguém, nem apagar todos os limites.

6. **Como competir com todas as outras mulheres que seguem as *regras* por aí?** Você não tem de fazer isso. Está vendo o namoro de forma equivocada se pensou nisso. *As regras* não servem para vencer a disputa com outras mulheres que as seguem, nem com as que não seguem. *As regras* servem para atrair o homem certo *para você*. Você tem de botar um pouco de fé nisso e confiar que ele vai encontrar você. Preocupe-se mais

com a filtragem dos alertas ao consumidor e pense que finalmente vai encontrar o homem certo.

7. **Se ele não ligar, não enviar mensagem, não escrever, não fizer contato com você de jeito nenhum, é porque não está interessado.** Ponto final! Sem desculpa.

8. **Se ele está saindo com outras, você deve sair com outros também.** Só fica exclusivo quando ele puxa o assunto e vocês conversam sobre isso. Se ele tem a chance de escolher outra no seu lugar, você também quer a mesma oportunidade, não? Nós achamos que sim.

9. **Evite certas palavras e certa linguagem.** Não fale de suas carências, dos seus planos a longo prazo, nem do que você merece. Não use palavras como "laços afetivos", "relacionamento", "união", "compromisso", "sério", ou nada que o faça lembrar de casamento. Mantenha a conversa leve. Não vai querer assustá-lo rápido demais.

10. **Não fique enciumada se a ex-namorada dele enviar mensagem de texto ou escrever no mural dele no facebook.** Desde que não seja iniciativa dele fazer o contato e esforçar-se para manter a amizade com ela, não terá nada com que se preocupar.

11. **Aja como se não tivesse a menor ideia do quanto o homem maravilhoso é maravilhoso.** Se o presidente de uma fraternidade, o capitão de um time, um VIP ou até uma celebridade

estiver interessado em você, o melhor é fazer como se não soubesse quem ele é. Não fique deslumbrada e não diga coisas como "ouvi falar tanto de você!", ou "nem posso acreditar que você está conversando comigo!". Essas reações farão de você uma tiete, não uma mulher que segue *As regras*. O segredo é agir como se ele fosse um homem como os outros. Lembre que ele está acostumado a ser mimado pelas mulheres que o rodeiam e saem com ele sempre que ele chama, e que ficam amigas dos incríveis amigos dele. É por isso que esses tipos se entediam e seguem em frente. *As regras* se aplicam! Como esses homens conseguem qualquer mulher que queiram, eles querem aquela que parece não se interessar por ele.

12. **Os primeiro e segundo encontros podem ser em qualquer noite da semana, mas o terceiro (e praticamente todos depois desse) devem ser sábado à noite.** Se ele sempre a convida para sair, mas não no dia certo, continue recusando, dizendo "Ah, isso parece ótimo, mas já tenho planos", ou "Durante a semana estou muito ocupada", até ele entender a deixa e chamá-la para sair sábado à noite. Pode custar alguma conversa para ele entender, mas qualquer coisa é melhor do que aceitar um convite casual durante a semana, ou oferecer o sábado à noite para ele em bandeja de prata. Lembre que os homens adoram um desafio.

13. **Não aceite um programa para sábado à noite com convite depois de quarta-feira.** Essa *regra* é clara e simples e não deve ser quebrada! Você quer estar com um homem que pensa

em você o bastante para planejar com antecedência. É esse o homem que vai acabar querendo ser exclusivo e se comprometer com você. É claro que espontaneidade pode ser divertido, mas não confunda um homem espontâneo com um homem que pode estar apenas entediado, ou que talvez tenha levado o bolo de outra mulher. Além disso, a mulher que segue *As regras* tem vida agitada. É claro que você já tem planos para o fim de semana quando chega quinta-feira. Se ele convidá-la tarde demais na semana para aceitar, não reclame dele. Apenas diga que gostaria de estar livre.

14. **Fique calma se ele provocar.** Ele pode enviar mensagem de texto de última hora para encontrá-la e responder, quando você diz que já tem planos: "Tudo bem, madame popular", ou pode dizer: "Levo você para Nantucket esse verão, se ainda estivermos namorando até lá..." Os homens adoram provocar, mesmo quando realmente gostam de você. Não fique paranoica nem zangada, apenas ignore. Ele provavelmente espera provocar alguma reação sua, e é melhor se você surpreendê-lo fazendo exatamente o contrário: não reaja.

15. **Não combine de encontrá-lo no meio do caminho. Se ele não quiser viajar para vê-la, simplesmente não se encontre com ele.** Não se preocupe se vai parecer grosseira ou egoísta. A *regra* diz que ele deve arrumar o horário dele para encaixar no seu. Diga para ele que não pode sair. Diga que está superocupada e que só pode encontrá-lo perto do seu escritório, ou no seu bairro. Isso será um favor para ele, porque ficará animado para vê-la. Ele vai entender logo que terá de dar duro para

vê-la e que você não vai cair no colo dele como outras mulheres que podem tê-lo estragado no passado.

16. **Pare de sair com ele se ele esquecer o seu aniversário ou os feriados.** O comportamento de um homem nessas ocasiões (e em outras especiais, como quando você é promovida) é um bom barômetro do que ele sente por você. Um homem que realmente gosta de você não hesitará em mudar seus planos para estar com você no Natal, ou para beijá-la na noite do Ano-Novo. Além de lembrar do seu aniversário, ele quer passar esse dia com você e torná-lo especial. Esses exemplos são apenas outros momentos que o homem que gosta de você vai querer planejar com antecedência. Na verdade, ele pode planejar algo especial por nenhum motivo! Quanto aos presentes, a mulher que segue *As regras não* é caçadora de tesouro, ela quer romance. Joias são o presente mais romântico que existe, mas flores, bichinho de pelúcia, livro de poesia, uma escapada num fim de semana... tudo isso também demonstra que ele gosta de você. Se uma vez você mencionou que gosta da Beyoncé, talvez ele a leve para um show dela. Ele lhe dará seu casaco do time ou mandará gravar o seu nome numa estrela. Ele comprará um cartão e escreverá um bilhete de amor dentro. O que importa não é o preço, e sim a iniciativa e o significado por trás. Observe também como ele assina esse bilhete. "Amor" e "beijos" são preferíveis a "sinceramente". E no fim, tudo que você tem de dizer é obrigada! Os homens que são loucos por você não precisam de um agradecimento especial. O prazer é deles de cobri-la de amor. Se ele dá um vale-cartão da livraria com um

cartão assinado "sinceramente" e espera que você adore isso, talvez não seja o homem para você.

17. **Não se mude para o apartamento dele (nem deixe suas coisas lá).** Nós entendemos que namorar hoje em dia é muito mais casual do que era quando escrevemos o primeiro *As regras*. Mas continuamos acreditando firmemente que você não deve morar com um homem até marcar a data do casamento. Viver junto não é um período de teste para nenhum dos dois saber o que realmente sente sobre o relacionamento e não é uma solução que vai consertar o seu namoro, ou forçá-lo a se comprometer também. Ele pode ser apenas um desperdício de tempo que procura alguém com quem dividir o aluguel. Além do mais, como você vai poder bancar a difícil se está literalmente disponível todos os momentos de todos os dias? Não vai! Outra coisa, não apareça na casa dele com uma chapinha e produtos de higiene feminina a não ser que ele peça especificamente e abra espaço para você. Ele pode achar que você está invadindo o espaço dele. Não levar seu laptop e o carregador do seu celular também ajuda a encerrar o tempo com ele primeiro, porque você terá de ir para casa para adiantar o seu dia!

18. **Não diga o que ele deve fazer, não espere que ele mude e não tente mudá-lo.** Homens gostam de se sentir no controle das situações. O homem comum quer passar o tempo com uma mulher que o faz se sentir bem, ou melhor com ele mesmo. Não deseja jamais ser emasculado ou considerado incompetente. Não force planos, estilo de roupa ou passatempos

com ele. E não tente fazer com que ele acabe com seus maus hábitos. Os homens nunca mudam *de verdade*. Aceite seus defeitos e o que ele tem de irritante, ou procure outro.

19. **Termine o relacionamento ou pare de ver alguém de quem gosta mas por quem não está apaixonada.** Achamos que você deve ter dois encontros com um homem para garantir que realmente sabe o que sente por ele. Mas assim que tiver certeza de que ele não é para você, diga isso a ele: "Acho você supersimpático, mas não senti aquela faísca", ou "Sinto muito, mas acho que não combinamos". Você não deve continuar saindo com alguém que não inspire um futuro. Não é bom para nenhum dos dois e não é justo.

20. **Seja boa-praça.** *As regras* dizem para bancar a difícil. Mas depois de conquistar o seu homem, elas tratam de ser uma companhia agradável. Pegue a energia que usou para ser misteriosa e agora transforme em ser um prazer. Seja gentil, atenciosa e paciente. A mulher que segue *As regras* é a que segue com a maré. Não queremos dizer com isso que deve deixar que ele vença qualquer desentendimento, ou que tenha suas vontades sempre satisfeitas. Isso você não deve fazer. Mas cuide sempre de pensar pelo lado dele, e ele fará o mesmo por você.

CONCLUSÃO

Namorar é ter disciplina!

Ufa! Sabemos que jogamos muitos faça isso e não faça aquilo em cima de você. Procuramos cobrir todos os cenários concebíveis de encontros e namoro em todas as tecnologias, para mostrar que você pode seguir *As regras* independentemente da sua situação. Sabemos que namorar hoje em dia é muito mais difícil do que antes, que é quase impossível ser misteriosa e inatingível quando todos estão grudados aos seus celulares e computadores. Mas também sabemos que você pode bancar a difícil, se realmente quiser e se acreditar em *As regras*.

Poucas mulheres querem acreditar que o segredo da conquista é bancar a difícil. Como a maioria, gostaríamos de pensar que podemos fazer tudo o que tivermos vontade e mesmo assim conquistar o namorado. Perguntamos, quem vai querer usar uma minissaia, montes de maquiagem e aparecer numa boate ou numa festa para solteiros para conhecer homens e não poder chegar e conversar com o bonitão? Para que aparecer e não fazer nada acontecer? Quem quer esperar que um homem (e não necessariamente aquele bonitão que chamou sua atenção) venha falar com você primeiro, ou que ele peça o seu número para depois esperar *mais* até ele enviar mensagem e *mais* ainda para responder?

Detestamos essa ideia! É muita passividade, muito fazer nada! Nós gostávamos de ação e *As regras* era exatamente o oposto. Se *As regras* fosse uma dança, seria a mais lenta do planeta!

Como muitas de vocês, fomos criadas para dizer o que pensamos e fazer acontecer, tirar boas notas, ser presidente do clube, subir os degraus profissionais (ou, no nosso caso, exibir o nosso livro na televisão) e não ser mero papel de parede. Por que agitar e balançar não se aplicam aos homens também? Não gostamos de entrar em um plano que ordena "não tome a iniciativa". Queríamos que o namoro fosse como quiséssemos, queríamos fazer acontecer por nós mesmas. Mas resolvemos fazer o que sabíamos, lá no fundo, que realmente funciona. Os resultados falam por eles mesmos. Maridos amorosos, casamentos e filhos. *As regras* é disciplina porque é fazer o que funciona, em vez de o que você talvez queira fazer.

As regras protegem-na de você mesma.

Esse livro foi definitivamente uma obra de amor. Especialmente porque o escrevemos com a ajuda de nossas duas adoráveis filhas. Esperamos que tudo que compartilhamos com você aqui possa ajudá-la a namorar com autoestima, com limites e disciplina, mesmo com a evolução da tecnologia!

Ellen Fein

Sherrie Schneider

Este livro foi impresso na Editora JPA Ltda.,
Av. Brasil, 10.600 – Rio de Janeiro – RJ,
para a Editora Rocco Ltda.